家康の経営戦略

国づくりも
天下泰平も
カネ次第

元国税調査官
大村大次郎

まえがき

あまり顧みられることはないが、歴代の武家政権というのは、じつは非常に財政基盤が弱かった。

最初の武家政権である鎌倉幕府は、関東を中心とした数か国～10か国程度を統治していたに過ぎない。多く見積もっても300万石には達していなかった。

室町幕府の所領は、その鎌倉幕府よりさらに少なかったと見られている。後年の石高換算で言えば200万石程度だったであろう。

織田信長の場合、彼が最大勢力だった時期の支配地域は、だいたい400万石くらいだった。しかし、それは家臣の所領も含めての話である。

また、豊臣秀吉の直轄領は、222万石しかなかった。豊臣系大名の領地を含めれば500万石くらいはあったが、豊臣系の大名というのは、以前は信長の家臣で秀吉と同僚だった者も多く、必ずしも秀吉にとって忠実な家臣とは言えなかった。

このように、歴代の武家政権は、それほど大きな財政力を持っていなかったのだ。

それは、よく考えれば当たり前のことでもある。

武家社会は、武家（大名など）がそれぞれに自分の領地を所有し、統治や徴税をおこなう。政府（幕府）は、武家たちの束ね役に過ぎない。

政府自体にも直轄領はあるが、それは日本全土のほんの一部である。

しかも政府の税収は、原則として直轄領から得られる年貢などの税だけである。

平安時代以前の朝廷のように、日本全国から徴税していたわけではない。だから、鎌倉以降の武家政権は、平安以前の朝廷よりもはるかに財政基盤が弱かったのだ。

政府の財政基盤が弱いということは、安定政権にはなりにくく、何か事が起こったときに適切な対処ができにくい。軍事動員するにも金がかかるのだ。

実際に、鎌倉時代も室町時代も、戦乱・紛争が絶えなかった。室町時代が乱れ、戦国時代に移行したのも、そもそもの要因は幕府の財政力のなさなのである。

が、江戸時代になると、戦乱・紛争の類《たぐい》はほとんどなくなった。

江戸時代２６０余年のあいだに起きた紛争というと、幕末の動乱を除けば「天草《あまくさ》の乱」「大塩平八郎《おおしおへいはちろう》の乱」くらいしかない。

なぜ、江戸時代は、ほかの武家政権時代に比べて突出して平和だったのか？

その大きな要因の１つが財政力である。**徳川家康の開いた江戸幕府は、ほかの武家政権に比べると著しく財政力が強かった。**家康が江戸幕府を開いたとき、幕府の直轄領だけで４００万石あり、徳川家勢力全体では８００万石もあった。

土地以外の資産を見た場合も、江戸幕府は相当に大きい。日本の主要な鉱山・港のほとんどを直轄にしていたからだ。信長も秀吉も、日本の主要鉱山や港をかなり押さえていたが、家康ほど包括的に押さえていたわけではない。

また、江戸幕府は、大きな利益をもたらす南蛮貿易も独占していた。

江戸幕府の財政力というのは、ほかの武家政権を圧倒しているのである。

この圧倒的な財政力は、軍事力にも反映される。

江戸幕府に対抗できるほどの軍事力を持つ勢力は幕末まで現れず、そのため戦乱や紛争もほとんど起きなかったのである。

いかにして、家康は、この莫大な財政力を持つことができたのか？

家康は、日本全国の大名を、戦によりねじ伏せたわけではない。

たしかに家康は、戦国武将の中でも戦上手として知られてはいた。が、戦争の強さから言えば、信長、武田信玄、上杉謙信など、猛者はいくらでもいる。彼らの前では、家康は脇役に過ぎなかった。

家康が、莫大な財政力を持ち得たのは「異常に効率的な戦略」のおかげだと言える。

ざっくり言えば「敵が強いときには決して争わず平伏し続け、敵が弱ったときに一気に叩く」のである。敵が強いときにこれを倒そうとすると、多大な費用・労力がかかる。だから、家康は極力そういうことはしなかった。

それが、ほかの名だたる戦国武将と大きく違うところである。

家康はいかにして、その「異常に効率的な戦略」を身に着けたのか？

いかにして、莫大な資産を蓄積していったのか？

本書ではそれを追究していきたい。おそらく本書を読んだ暁には、家康の意外な姿を見つけるはずである。

第1章 なぜ家康には戦国随一の「忍耐力」があったのか？

第2章 超巨大都市・江戸を建設した不気味な財政力

第3章 豊臣家を分断せよ！ ライバルの弱体化は迅速に

第4章
「関ヶ原の戦い」を短時間で終わらせた高等戦略

第5章 内政も外交も！死ぬ前にやるべきことはすべてやる

第6章 江戸時代の経済を安定させた家康の貨幣制度とは？

第7章 「平穏な江戸時代」を築いた徳川幕府の飴と鞭

第8章 270年に及ぶ太平の時代を貫いた家康イズム

装丁　大場君人
編集協力　武田知弘

第1章

なぜ家康には戦国随一の「忍耐力」があったのか？

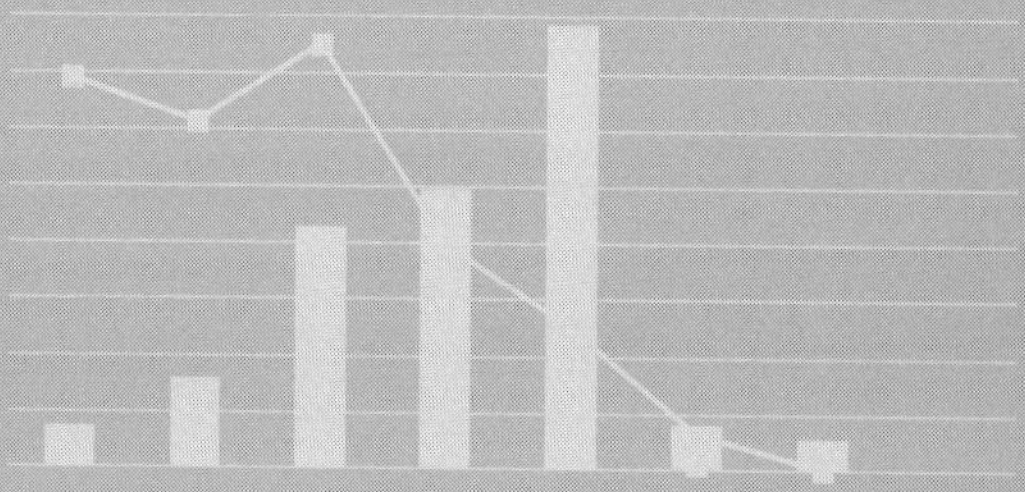

●家康の人並みはずれた「待つ力」

戦国時代の三英傑、織田信長、豊臣秀吉、徳川家康を、ホトトギスを絡めて評した有名な句がある。

織田信長「鳴かぬなら殺してしまおう ホトトギス」
豊臣秀吉「鳴かぬなら鳴かせてみせよう ホトトギス」
徳川家康「鳴かぬなら鳴くまで待とう ホトトギス」

これは、おそらく、誰もが何度も耳にしたことがあるはずだ。この句によると、家康には「待つこと」に特徴があるということである。

たしかに、家康は「待つこと」で天下を手中にした面はある。信長や秀吉が、積極的に天下獲りの意思を示して、精力的に活動したのに対し、家康は人生の終盤まで、そういう野心は見せずに、第二走者、第三走者の地位に甘んじていた。

しかし、人生の終盤にきて大チャンスが到来したときに、ものの見事に天下を我が物にしたのである。

家康の第一の凄さは「待つこと」ができたことだと言えるだろう。わずかでも人生経験がある人ならば、「待つこと」がかなりシンドイものであることを知っているはずだ。

いつ来るとは知れないチャンスをひたすら待ち続けるというのは、相当な精神力を必要とする。ほとんどの人は「待つこと」ができず、あせったり迷ったりして、目途も立っていないのに何か行動を起こしたり、目先のちょっとした功名に走ったりする。

●徳川家康

しかし、家康はそうではなかった。

よく知られているように、家康は幼少期には、人質として今川家に出されていた。成人して信長と同盟を結んでいるときには、まるで信長の忠臣であるかのように振る舞った。

そこで家康は、決して目立つことはせず、ひたすら大きな相手に恭順し、下僕のように尽くしてきた。

が、家康は、人生を捨てて自棄《やけ》になったわけでも、すべてを相手に委ねていたわけでもなかった。ひたすら、いつ来るかもわからないチャンスを待ち続けたのである。

●「待つこと」ができた家康の成功体験とは？

なぜ、家康が「待つこと」ができたのかというと、彼の幼少期からの「成功体験」がモノを言っていると思われる。家康は、人生体験として、いつか人にはチャンスが回ってくるということを知っていたのだ。

彼の「待つこと」における最初の成功体験は「桶狭間《おけはざま》の戦い」だと言える。家康は、「桶狭間の戦い」までは悲惨な幼少期を送っていた。

家康の松平家は、三河《みかわ》国加茂郡松平郷（愛知県東部）を本拠とする豪族だった。家康の祖父、松平清康《きよやす》のときに分散していた松平一族を結集させ、三河国で大きな勢力を持つに至った。が、三河という国は、戦国時代は非常に「微妙な位置」にあった。というのも、東の駿河《するが》（静岡県中部）には今川義元《いまがわよしもと》という将軍家の血筋を引く名門大名がおり、西には織田信秀《のぶひで》という新興大名が急速に勢力を拡大していた。

今川義元は、遠江《とおとうみ》（静岡県西部）、駿河に加え三河や尾張《おわり》（愛知県西部）の一部と合わせて、100万石近くの版図を持っていた。

当時は「東海一の弓取り」とさえ言われ、有数の強豪戦国大名だったのである。

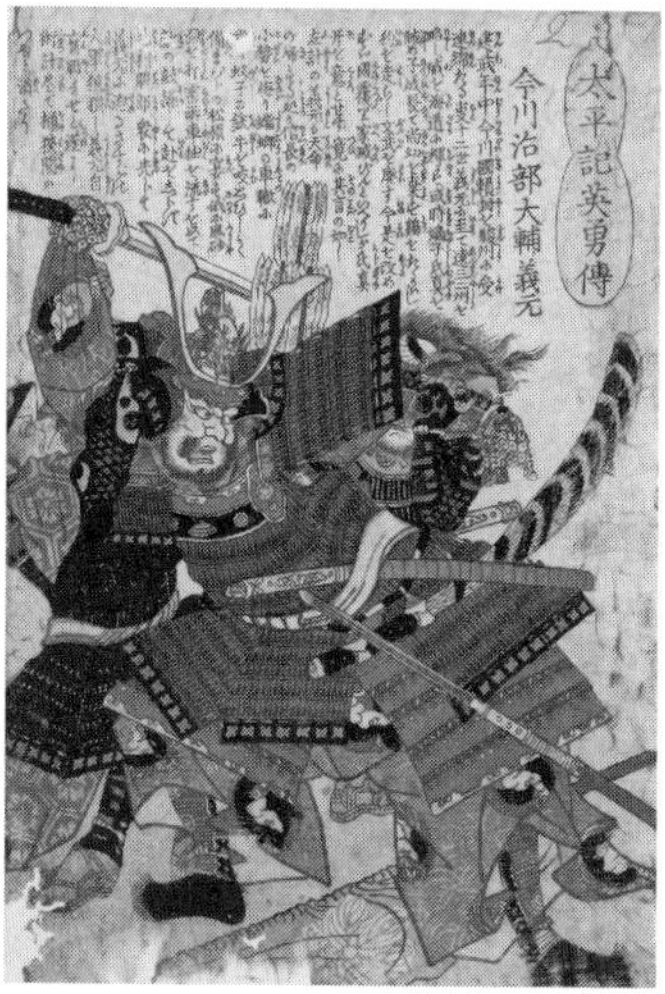

●今川義元

一方の織田信秀も、領地こそ尾張半国だったが、津島などの重要な港を押さえ、相当な経済力を持っていた。織田家は、信長の代で急に発展したと思われがちだが、じつは信長の父・信秀の代で、すでに今川に対抗できるほどの勢力を持っていたのだ。

三河は、この両大名に挟まれているというだけでも、かなりシンドイ状況だった。

が、三河には、さらに危うい要素があった。三河は、知多《ちた》半島の付け根の部分にある。この知多半島は、古くから常滑焼《とこなめやき》という全国的な陶器ブランドの産地だった。

知多半島の窯業は、12世紀ごろから盛んになったとされ、知多半島製の土器は、全国各地で発見されている。知多半島は、中世から日本最大の土器生産地域であり、もっといえば中世では日本有数の工業地帯だったわけだ。

さらに、知多半島の土器を「輸出」していたのは、伊勢から熊野にかけての海民たちと見られており、この地域は輸送業も盛んだったのだ。

つまり、この地域は、当時の日本でもっとも発達していた商工業地域の1つだったと言える。知多商人というと、大商人が多く、後年、江戸の吉原を仕切っていたのも、知多商人なのである。

知多地域は、周辺の大名にとっても垂涎《すいぜん》の地域であり、この地域を巡って権謀術数を繰り広げていたのである。当時、知多地域に勢力を持っていたのは水野忠政《みずのただまさ》という大名だった。忠政は、織田に対抗するために、松平家と手を結んだ。

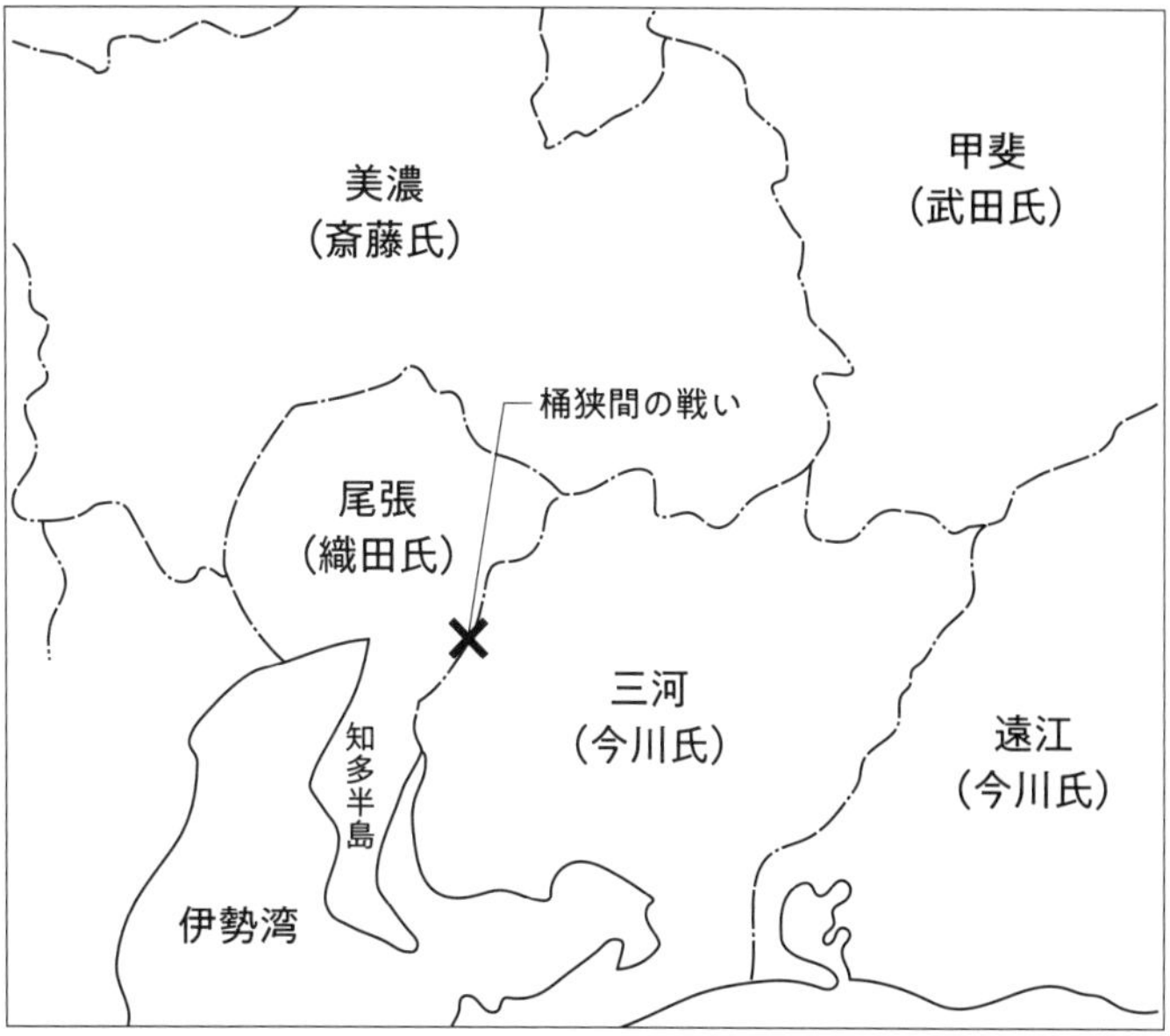

●知多地域における勢力図

忠政は娘の於大《おだい》を、松平の跡取りである松平広忠《ひろただ》に嫁がせた。その於大と広忠のあいだに生まれたのが徳川家康なのである。

しかし忠政が死ぬと、跡取りの水野信元は松平と手を切り、織田信秀と組むことにした。そのため広忠に嫁いだ於大は、松平家から離縁されてしまうのだ。

家康が生母と生き別れになるのは、家康が1歳（数え年で3歳）のときである。

だから家康は、母の顔を知らないのだ。

●人質から人質へ……過酷な幼少期

しかし、家康の苦難は、じつはこれからが本番だった。松平家は、織田家に対抗するために、今川家に支援を仰ぐ。今川家に事実上の臣従《しんじゅう》をしたのである。そして、幼い家康を人質として駿府《すんぷ》（静岡県静岡市）の今川家に送ることになった。

ところが、家康を送り届ける役目の戸田康光《とだやすみつ》が織田家と通じており、今川家に届けずに織田信秀のもとに届けてしまった。『三河物語』によると、このとき家康は1000貫文で売られたという。

康光は、家康の母・於大が離縁された後、松平広忠の後妻に入った真喜姫の父である。家康から見れば、義理の祖父だ。**つまり、家康は義理の祖父から売られたことになる。**

とにもかくにも、こうして家康は人質として尾張の織田家で生活することになった。家康、5歳のときのことである。

家康幼少期の波乱万丈はまだまだ続く。尾張での人質生活が2年ほど経ったころのことである。家康の父・松平広忠が急死してしまったのだ。

死因は、病死、暗殺など諸説あるが、明確になっていない。

松平家は、当主を失い、後継ぎは他家に人質に取られているという状況になった。

つまり、松平家は当主が不在ということになったのだ。

このころ今川家と織田家は、激しい抗争を繰り広げており、今川家が織田家の支城である三河・安祥城《あんじょうじょう》を攻略した。このとき、織田信秀の庶子である信広が生け捕りにされた。信広は、信長の庶兄である。

今川家と織田家は、この信広と家康の人質交換をおこなった。そのため家康は、今度は今川家に人質として送られた。今川家としては、家康を人質に取ることで、松平家の三河領を実質的に支配下に置こうとしたのである。

松平家の家臣たちは雲散霧消《うんさんむしょう》してもおかしくないところであり、実際に離れていく家臣もいた。

しかし、松平家には鳥尾忠吉《とりおただよし》など忠実な家臣も多く、松平家は崩壊を免れていた。

松平家の本城である岡崎城は、今川家の管理下に置かれており、領内の年貢なども今川家に接収されることが多かった。そういう中で忠吉などの松平家の忠臣たちは、年貢や銭貨をコツコツと貯蓄し、今川家に見つからないように城内に隠していた。家康が人質から戻ってくるときに備えていたのだ。

この忠実な家臣団が、家康の大きな武器となっていく。

●「運命の桶狭間」を経て独立、信長との同盟へ

今川家の人質として少年時代を送った家康だが、元服後も今川家から解放されなかった。家康は今川家の家臣のような扱いを受け、すでに戦にも参加させられていた。

桶狭間の戦いのときも、今川軍に従軍し、敵勢力内での兵糧の搬入という危険な業務に従事させられていた。その桶狭間の戦いでは、信長軍が驚異的な機動力を駆使し、今川軍がまったく油断しているところに奇襲をおこなった。

今川方は、大将の義元が討死するという大敗北となった。

家康の真骨頂はここからである。

目の上のたんこぶだった強大な相手が突然崩れるということは、人生においてときど

きあることだろう。しかし、その機をうまくとらえて飛躍する者もいれば、強大な相手とともに沈んでしまう者もいる。家康は、前者の見本のような人物だった。

今川家が大混乱している中で、家康は人質状態から抜け出し、松平家の本拠地である岡崎城に入った。前述したように岡崎城は、松平家の本城でありながら、今川家の支配下にあった。

が、桶狭間の後、今川家の者はほとんど岡崎城から退去していた。今川本家自体が危ういときに、岡崎城などに居られないということである。家康は、今川家の支配から解かれた岡崎城に入城し、今川から独立。今川の影響力が弱まった三河国を平定したのである。**ここに、三河の戦国大名「徳川家康」が誕生したのだ。**

しかも「桶狭間の戦い」から2年後には、今川を討った信長と同盟を結んだ。

今川家は混乱していたとはいえ、由緒ある大名家である。今川義元の嫡男・氏真《うじざね》が今川家を継いでおり、未だに東海一の勢力を保持していた。

家康は、まだ形の上では今川に臣従していることになっていたのだが、今川家を見限るようにして、信長と同盟を結んだのである。

東海一帯を治める由緒ある今川家と、尾張をようやく平定した成り上がりの信長とを比べれば、断然、今川のほうに分があったはずだ。

が、**家康は「信長は今後、伸びる。一方、今川家は今後衰退する」と見抜いた**のである。この判断力は尋常ではない。家康には尋常ではない「待つ力」があったが、それと同時にチャンスを逃さない人並みはずれた判断力もあったのだ。

この2つの力が、家康に天下を獲らせ、江戸幕府長期政権の礎を作らせたのである。

●信長・秀吉とは異なる効率的な領土拡張作戦

この「桶狭間の戦い」での成功体験は、家康にとって戦国処世術の基本方針となる。「強大な敵が何かをきっかけに倒れたとき、一気呵成《いっきかせい》に責め立てる」というのは、非常に「経済効率のいい戦い方」なのである。家康は、それを桶狭間の戦いで学んだのだ。

ここが、信長や秀吉と大きく違うところである。

信長や秀吉は、自分の前に立ちふさがる強敵を1つずつ打ち破ってきた。そうすることで、領土を拡張し勢力を拡大していった。トーナメント戦を勝ち上がるようにして天下に近づいていったのである。

が、この方法は経済効率的にはそれほどいいものではない。

敵が強いときにこれを破ろうとすると、大きな出費を強いられるからだ。

味方を増やしたり、敵方から寝返った武将たちの所領を安堵したり、家臣に大きな働きをさせるためには、それなりの対価が必要となってくる。

信長や秀吉は、自分の勢力を拡大するために、それなりに大きな対価を支払っていた。

しかし、家康は、その生涯の中で、強敵に真正面から戦いを挑むようなことはあまりしていない。無理に版図を拡大せずに、敵の大将が倒れたりして、権力の空白が生じたとき、一気呵成に攻めたてるという手法をとってきた。

敵が弱っているときにこれを叩けば、あまり費用をかけずに領土を拡張できる。味方の損害も少ない。いいことずくめである。

それは「桶狭間の戦い」後の成功体験によるものだと考えられる。

●織田信長

●有能な人材を格安で登用する秘訣とは？

「桶狭間の戦い」後の今川家の衰退時に、家康は積極的に今川家の人材を登用する。

その中には、後に徳川家の重臣になる者も多数あった。

たとえば、後に家康が関東八州の領主となり、江戸の建設をおこなうとき、伊奈忠次《いなただつぐ》、大久保長安《おおくぼながやす》、彦坂元正《ひこさかもとまさ》、長谷川長綱《はせがわながつな》の4人の代官を置いた。

この4人のうち、元正、長綱の家は、もともとは今川家の家臣だったが、父親の代のときに桶狭間の戦いがあり今川家が没落し、その後、家康に召し抱えられたのだった。

家康は、今川家のみならず、武田家、織田家など、没落した大名家の家臣を積極的に登用した。内政や鉱山開発で大きな手腕を発揮した長安、御召船奉行となり水軍で活躍した向井正綱《むかいまさつな》なども武田家の遺臣である。

他家から家臣を引き抜き、それを抜擢するというのは、家康に限ったことではない。

信長の場合は明智光秀《あけちみつひで》を大抜擢しているし、秀吉は黒田官兵衛《くろだかんべえ》など、他家から引き抜いた家臣を何人も豊臣家の重臣に据えた。

しかし、家康の場合、彼らの引き抜き方法とはかなり違うのだ。信長、秀吉は、他家の家臣がバリバリ働いていたときにヘッドハンティングして、引き抜いている。

一方、家康の場合は、主君の大名家が滅んだり、没落したり、家臣が浪人状態になったときに大量登用している。これも非常に経済効率のいいものだった。

つまり、引き抜きに関しての費用もほとんどかからないし、報酬も低くて済む。

●豊富秀吉

光秀や官兵衛は、大きな領土を与えられるなど非常な「高給取り」だったのに対し、家康の引き抜き家臣たち、元正、長綱、長安などは、その活躍の割には非常に報酬が少なかった。

家康の経済思想は「高いときは買わない」「安いときに買う」という非常に単純なものだった。

この経済思想を培ったのも、桶狭間の戦い後の成功体験が大きいのである。

●一向一揆に加担した本多正信らを許す

三河の領主に返り咲いた家康に、まず降りかかった難題は、一向一揆だった。

家康が三河に戻った直後の永禄6(1563)年、三河で大規模な一向一揆が勃発する。家康は、三河を統治するために、まずこの一向一揆を収束させなければならなかった。

これが非常に厄介な問題だった。当時の三河国は一向宗の信徒が非常に多く、一向宗王国の様相さえあった。家康の家臣の中にも、一向宗の信徒は多数いたのだ。

家康が、一向一揆を鎮圧しようとすると、家臣の中には一向宗側につく者も多数出てきた。家康は、この一向一揆を半年かけてようやく収束させ、一向宗を三河の地から追い出した。これで、ようやく三河が平定されたのである。

もっとも、家康の打撃も大きかった。家臣から多くの者が離脱していたからだ。

が、家康は一向一揆に加担した家臣を許した。そのことが、三河家臣団の結束をさらに高めることになった。許された家臣たちは、家康の忠臣となっていった。

本多正信《ほんだまさのぶ》は家康のもっとも信頼する側近となり、夏目吉信《なつめよしのぶ》は、武田信玄《たけだしんげん》との「三方ヶ原《みかたがはら》の戦い」で大敗したときに、家康の影武者となって討ち死にした。

「裏切った家臣を許す」エピソードは、信長にもある。信長が家督を継いだとき、弟の信行《のぶゆき》を推す家臣たちも多かったため、信長派と信行派に分かれての戦となった。このとき、柴田勝家《しばたかついえ》などは信行派について戦った。

信長はこの戦いに勝利した後、信行についた家臣たちを許した。勝家も許され、その後、信長を支える重臣の1人となった。

家康も信長も、独り立ちしたばかりのときのことであり、家臣たちも主の能力を見極めようとしていたはずだ。その時期に、家臣たちに寛容な姿勢を見せ、家中の団結を図ったということだろう。

その後、家康の家臣団は鉄の結束を誇り、家康の躍進の原動力となる。

●「本能寺の変」後も大チャンスを物にする

信長の同盟者となった家康は、今度はまるで信長の家臣であるかのように、粉骨砕身《ふんこつさいしん》して信長に尽くす。

同盟者として「姉川《あねがわ》の戦い」「長篠《ながしの》の合戦」など、数多くの戦いに引っ張り出され、大した褒賞も与えられず、信長に都合のいいようにこき使われた。

朝倉《あさくら》氏を討っている途中で、信長の妹婿である浅井長政《あざいながまさ》が裏切り、退却を余儀なくされた「金ヶ崎《かねがさき》の戦い」では、家康は信長軍の退却を知らされず、戦場に取り残された。

その一方で、武田信玄が3万の大軍を率いて家康領に侵攻してきたときには、信長はわずか3000程度の援軍しか寄こさなかった。

また長男の信康《のぶやす》が、信長に「武田方に通じている」という疑いをかけられ、切腹させられている。信康は聡明だったと伝えられ、家康もショックが大きかったはずだ。

しかし、家康はそれらを我慢強く耐えてきた。まさに、信長のやりたい放題である。

誰もが「徳川家康はよく辛抱できるものだ」と感心させられるはずだ。

しかし家康は、ただ強いものに我慢強く従うだけの「実直な人物」ではない。

いざ機会が巡ってくれば、どんな強かった相手であっても、踏みつけにして飛躍する度胸と冷酷さを持っているのだ。

そして、その機会が再び訪れる。「本能寺《ほんのうじ》の変」である。「本能寺の変」直前、家康は信長に招かれ、少人数の家臣のみで堺見物をしていた。そんな中、信長が本能寺で、光秀に襲撃され自害するという大事件が起きる。変の後、当然、織田家では大きな混乱が起きた。かつて今川家で起きたことと同じように。

当時、信長は、武田家との死闘を終えたばかりだった。甲斐《かい》（山梨県）、信濃《しなの》（長野県）などの旧武田領は、わずか3か月前に武田家の滅亡によって領有されたばかりである。

●明智光秀

もちろん、この地域はまだ統治が安定していない。

当然、周辺の勢力が食指を伸ばしてくる。

まず、その地域で最大勢力の北条《ほうじょう》氏が大軍で侵攻した。北条氏は、それまで信長と協調の姿勢を取っていたが、信長が討たれた途端に手のひらを返したのだ。

織田軍の現地司令官・滝川一益《たきがわかずます》などは命からがら近畿に逃げ延びる。

それに乗じる形で、家康も甲斐、信濃に侵攻する。家康は織田領だった甲斐をすぐに併合しようとし、河尻秀隆《かわじりひでたか》に甲斐を明け渡すように使者を送った。秀隆はこれに激怒し、使者だった本多信俊《ほんだのぶとし》を殺すが、秀隆も蜂起した武田の遺臣に殺害された。

これを見れば、家康が決して律義者などではないことがわかるはずだ。同盟者（というより主君に近い存在）である信長が死んだ途端に、その領地に侵攻しているのだ。

その後、家康は、北条氏政《うじまさ》と一時は鋭く対立する。が、やがて協調し、旧織田領のうち、甲斐、信濃を家康が、上野《こうずけ》（群馬県）を北条氏政が支配するということになった。これで、家康は、五か国の領主となったのだ。

「本能寺の変」後、秀吉が大きく飛躍したのはご存じのとおりである。が、実は、その陰で家康も、ちゃっかりと大躍進を遂げていたのだ。

●経済危機に陥った「小牧・長久手の戦い」

信長の死後、織田家の家臣の中では秀吉が大出世をしていた。秀吉は瞬く間に天下を狙う位置にまで上り詰めたのだ。

この秀吉にとって、天下獲りの最大の障壁は家康となっていた。

毛利家はすでに降り、織田家筆頭家臣だった柴田勝家も滅び、ほかに秀吉を脅かす存在はほぼなくなっていたのだ。が、秀吉が近畿を中心に天下を平定しようとしていたところ、東海以東において家康が急激な勢いで版図を拡大していたのである。

自分の眼前の敵を1つずつ倒してきた秀吉としては、次に倒さなければならないのは家康だった。

が、家康は戦上手でもあり、秀吉としても簡単に手を出せる相手ではなかった。

また「強い敵とは戦わない主義」の家康としても、秀吉に戦いを挑むことは極力、避けたかった。

その両者が、直接対決した戦いが一度だけある。

「小牧《こまき》・長久手《ながくて》の戦い」である。信長の次男・信雄《のぶかつ》と秀吉との戦いに、家康が巻き込まれた形のものであり、家康が積極的に秀吉に対決を挑んだものではなかった。

この戦いは、雌雄を決するような大規模な会戦はおこなわれなかったが、局地戦で家康が大きな勝利をおさめた。この勝利により、家康は大きな名声を得た。

さらに言えば、**この戦いがあったからこそ、後年「関ヶ原の戦い」にも勝利できたの**である。

家康が無駄な戦はしない主義だったことは前述した。

とくに、相手が強大なときには絶対に歯向かわないと。

しかし家康は戦うべきときには、どういう状況であろうと果敢《かかん》に戦うこともあった。単に強者にひれ伏すだけではなかったのだ。

秀吉との関係がこじれた信雄が、家康を頼ってきたとき、家康はこれを断るという道もあった。

しかし断らなかった。それは世の趨勢《すうせい》を見たとき、ここで信雄を見放せば、秀吉がそのまま天下を獲ってしまうことは目に見えていた。

家康としては、それは避けたかった。

また、信長の後継である信雄を見捨てれば、家康の名声にも傷がつく。

戦国武将にとって、世の名声というのは非常に大事なものだった。名声によって味方が増えたり敵が増えたりするからだ。

だから家康は、秀吉という強大な相手との戦いに踏み切ったのだ。

「小牧・長久手の戦い」当時、秀吉と家康には大きな戦力差があった。**秀吉はすでに近畿一帯の大名を臣下におさめており、10万の兵力を動員していた。それに対し、家康軍はわずか1万6〜7000だったと見られている。**

家康としては必死の戦いで、郷村の百姓を総動員する命令を出した。15歳から60歳までの男子に対して、招集をかけたのである。

まるで、太平洋戦争中の日本軍の沖縄戦のようだ。

実際、この百姓の非常招集により、農地が荒廃し、この年、家康領では飢饉《ききん》が続出しているのである。

●秀吉が家康との直接対決を避けるきっかけとなる

「小牧・長久手の戦い」は、序盤に家康が小牧山城を占拠し、秀吉は犬山に陣を構え、お互いが強固な土塁などを築いたため、長らく膠着《こうちゃく》状態になっていた。

しかし秀吉方に加わっていた池田恒興《いけだつねおき》が、再三、別働隊による奇襲作戦を提言した。

秀吉は、そのような作戦が家康に通じるわけはないと思いつつも、元同僚だった恒興の申し出をそうそう断ることもできず、攻撃を許可した。
が、家康はこの別働隊の動きをすぐに察知し、待ち伏せして壊滅的な打撃を与えた。恒興と元助《もとすけ》の親子、さらには森長可《もりながよし》が戦死するなど、秀吉陣営は大打撃を受けた。

この勝利は、単なる局地戦の勝利には留まらなかった。

家康は、秀吉に勝ったということで、その名声が天下に響くことになり、当然、秀吉には敗北による傷がついた。

このショックからか、秀吉は、この後、家康との直接対決は避け続けることになる。力ずくで家康をねじ伏せることは、諦めてしまったのだ。

秀吉は、朝廷などを使った調略により、家康を抑えようとし、最終的には自分の母親を人質に送ることで、ようやく家康に形ばかりの臣下の礼を取らせたのである。

しかし、秀吉は家康に対して自分よりも広い領地を与えるなど、終生にわたって配慮しなければならなかった。

それが結局、豊臣家の滅亡にまでつながっていくのである。

●「小牧・長久手の戦い」は関ヶ原の前哨戦だった

また家康は、この戦いにより「関ヶ原の戦い」の大きなヒントを得ることになる。「小牧・長久手の戦い」で秀吉が墓穴を掘った最大の要因は、秀吉軍が一枚岩ではなかったということである。

たしかに、秀吉軍は、軍勢こそ家康を圧倒していた。

しかし、秀吉軍のほとんどは、旧織田軍である。当時の秀吉は光秀を討ち、勝家を倒していたが、ついこの前までは織田家の一家臣に過ぎなかったのだ。

つまり、秀吉の指揮下に入っている武将たちの多くは、少し前までは秀吉の同僚だった者たちである。そういう同僚たちに対し、秀吉は強権的な命令がなかなかできなかった。ここに、秀吉の大きな弱点があったのである。

ご存じのように秀吉は、草莽《そうもう》の出だ。彼が従わせている大名はすべて、もともとは彼よりはるかに身分が高い者たちである。

秀吉は、武力や政治力で、次々と周辺大名を屈服させていったが、その処遇にはつねに細心の配慮をせねばならなかった。

「小牧・長久手の戦い」でも、従軍した諸大名らに非常に気を使わなければならなかった。そのため、恒興の無理な作戦を抑えられなかったのだ。

いかに数が多くてもバラバラの軍は、大して強くはない。

後の「関ヶ原の戦い」でも、これは似たような状況となる。

秀吉と同じような弱点を、石田《いしだ》三成《みつなり》も持っていたからだ。

関ヶ原のとき、西軍の大将だった三成は、豊臣家の家臣の1人に過ぎず、大名としての勢力はそれほど大きくなかった。西軍は一応、三成が総大将ではあったが、そもそも西軍は三成の同僚である諸大名たちの寄せ集めだった。

そういう軍は、有機的な作戦行動はできず、あまり強くない。

数の上ではあまり分がよくなかったのに、家康が「関ヶ原の戦い」に踏み切ったのは、この「小牧・長久手の戦い」の経験が少なからず影響しているはずなのである。

第2章

超巨大都市・江戸を建設した不気味な財政力

●世界的大都市・東京の基礎をつくった家康

徳川家康の功績の1つとして、江戸の建設がある。

ご存じのように、江戸とは現在の東京である。東京は人口1000万人を超える世界有数の巨大都市であり、世界中の人があこがれる流行発信地でもある。

東京が日本の首都となった理由、東京がこれほどの先進都市となった理由、それは家康にある。

家康が、東日本の片田舎に過ぎなかった江戸を大掛かりに開発して、現在の東京の基礎をつくったのだ。

江戸城は、そもそもは長禄元（1457）年、太田道灌《おおたどうかん》という この地域の武将が建てたものである。道灌は、相模《さがみ》（神奈川県）の守護だった扇谷上杉《おうぎがやつうえすぎ》氏の重臣だった人物だ。

家康が江戸に入ったときには、北条氏の支城の1つであり、天守はなく、土塁や簡単な塀がある程度のものだった。

つまり、かつての江戸城は、城というより砦のようなものだった。

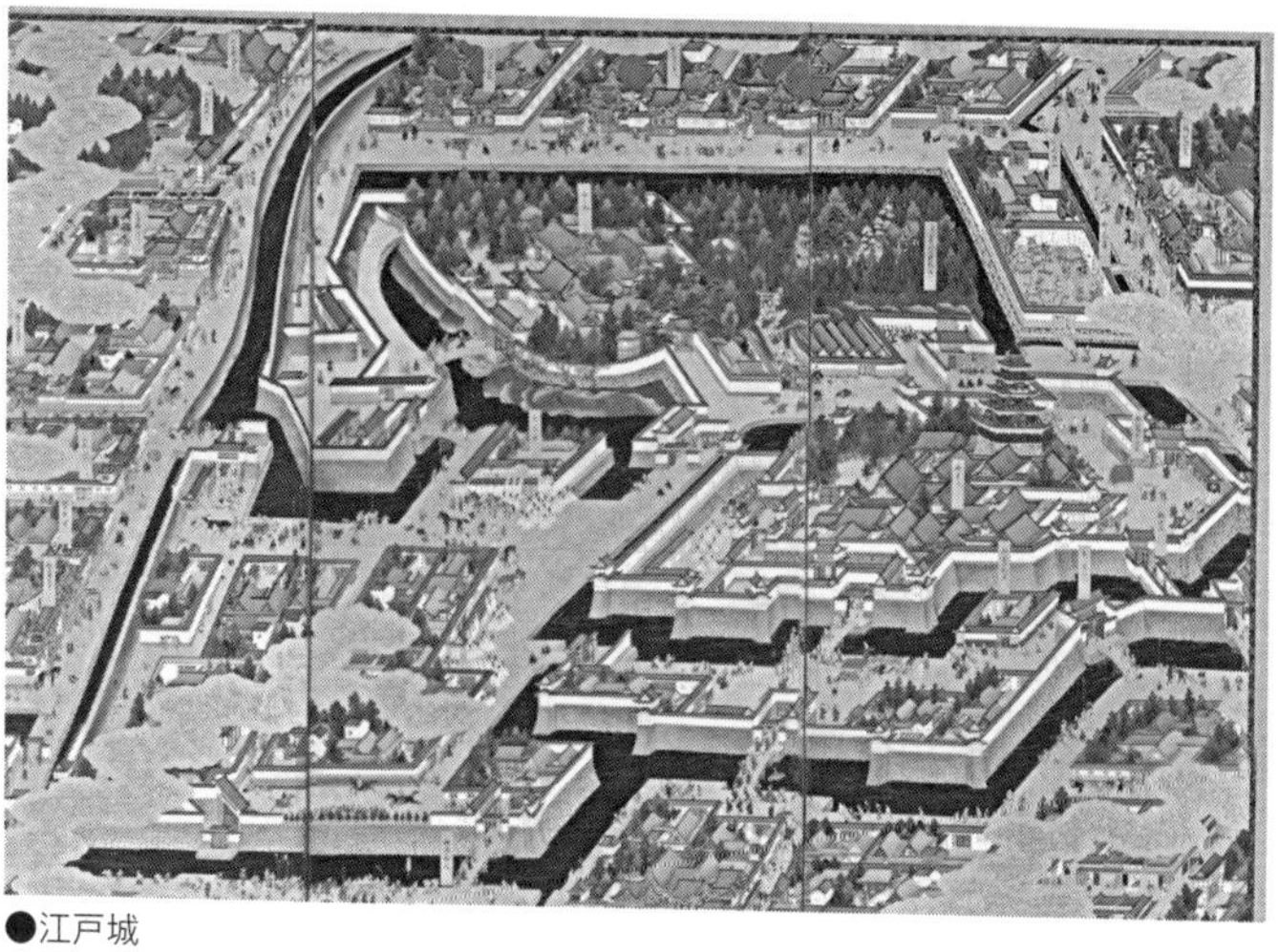
●江戸城

しかも、江戸を取り巻く関東平野は、湿地帯であり、農地としてはあまり適さなかった。しかも江戸は「平地が少なく山だらけ」「地下水が飲料水として適さない」など、都市として致命的な欠陥をいくつも抱えていた。

家康は、この欠陥を１つずつ克服していった。山を取り崩し、その土で沿岸を大規模に埋め立てし、関東全体に水利工事を施し、日本で初めて本格的な水道をひいた。

さらに、日本中から商人、職人を集めた。関東平野は日本屈指の農業地帯となり、江戸は京・大坂に匹敵する商工業都市となった。

「世界的大都市・東京」の礎を築いたのは、

まぎれもなく家康なのである。

この江戸の建設事業は、家康らしさが非常によく出ているものである。

家康が江戸に赴いたのは、家康の意思ではない。家康はそもそも江戸とは縁もゆかりもなかったが、秀吉の天下となって状況的にやむを得ず江戸に行かされたのである。しかし、家康はそのやむを得ない状況の中で、全力を尽くし、最善の結果を得たのである。

本章では、なぜ家康が江戸に行く羽目になり、いかにして江戸の都市建設をおこなったのかを追究していきたい。

●東海出身の家康が、なぜ江戸に入ったのか?

そもそも、家康はなぜ江戸に入ったのか?

その背景は豊臣秀吉と家康の非常に入り組んだ政治的駆け引きがある。

天正13(1585)年、豊臣秀吉は関白となり、天下を手中にした。このとき、最大の障害は家康だった。

家康は秀吉から上洛の催促が再三あったにもかかわらず、上洛しなかった。上洛してしまえば秀吉の天下を認めることになるからだ。

逆に言えば、家康はまだ秀吉の天下を認めていないということだ。

秀吉は仕方なく、最終的に実母を人質として家康のもとに送ることまでして、ようやく家康を上洛させる。これは異常なことだった。天下人は、ほかの武将から人質を取ることはあっても、人質を差し出すことなどあり得ない。

どちらが天下人かわからないというような状況である。

が、とにもかくにも、家康は形式的に秀吉に対して臣従した。

その後、いつまでも秀吉に臣従せず戦闘をやめなかった北条氏に対して、秀吉が軍勢を派遣した「小田原征伐《せいばつ》」において、家康は主力として働いた。

秀吉は20万の兵力で、小田原城を二重三重に包囲して閉じ込め、周辺で孤立している北条家の支城を落としていく作戦を立てた。

家康はこの支城を落とす際に、大きな働きをした。北条軍は領内の主な武将たちを小田原城に籠城《ろうじょう》させており、支城の兵は少数だった。

そのため、家康軍は瞬く間に北条の支城を落としていった。

江戸時代の初期に編纂された軍記『房総治乱記』では、このときのことを「家康公の御威光の前には、一日中五十の城落とさる」と述べている。

1日で50の城を落とした、というのは大げさだとしても、支城の多くが家康の軍勢によって落ちたことは間違いないだろう。

この小田原征伐において、もっとも軍功があったのは、客観的に見て家康だった。

が、秀吉にとっては、これがまた頭痛の種になった。家康の小田原征伐での働きに対して、秀吉は報償を与えなくてはならなくなったからだ。

もちろん秀吉としては、家康がこれ以上、大きくなっては困る。

そのため、苦肉の策として、北条氏の旧領の大半を与える代わりに、現在の遠江、駿河地域から出ていかせるという「転封」を命じた。

一応、形の上では、100万石の大加増だった。家康は、これで150万石から一挙に250万石を領有することになる。

これは、秀吉の版図220万石を超えるものだった。

●自分より大きな領地を家康に与えた秀吉の賭け

家康へのこの転封は、秀吉にとって非常に危険な賭けだった。家康は、自分より石高が大きくなる。それが、秀吉にとって脅威にならないはずがない。

当時の秀吉は、天下を手中にしており、領地だけではなく、日本中の主な金銀の鉱山や博多などの主要港を押さえていた。

だから、天下人・秀吉の経済力は、その領土の広さだけでは測ることはできない。

慶長３（１５９８）年、豊臣氏の蔵納目録によると、４３９９枚の金と、９万３３６５枚の銀が入っている。これは、石高になおすと約３００万石になる。

つまり、秀吉は、領地からの収入２２０万石と合わせて、５２０万石の収入があったのである。家康の倍以上の経済力があったということだ。

しかし、領地というのは、経済力だけでは測れないメリットがあった。

というのも、領地というのは、そこから取れる農産物だけではなく、人も付随している。そこに住んでいる人々を、傘下に収めるということである。

領地が広いということは、それだけ動員できる人数が多いということになる。金があるだけでは、動員できる人数はそれほど増えなかったのだ。

秀吉は、家康の倍以上の経済力があったが、兵の動員数が倍以上あったかといえば、決してそうとは言えないのだ。

むしろ、兵動員力は家康のほうが大きかったと言える。というのも、秀吉の直轄領は、どこか1か所に固まって存在していたのではなく、全国各地に点在していたからだ。

これは、統治や軍の動員などの面で、非常に不利だった。豊臣の直轄領220万石という数値の上では、当時10万人以上の兵を動員することはできた。

しかし、大きな軍勢を素早く動員できるかが勝敗のカギとなる。豊臣の直轄領は全国に点在しているので、兵を集結させるためにはかなりの時間と手間がかかってしまう。

また、小さな直轄地からは、事実上、兵を動員することは難しかった。

豊臣家の直轄領で、10万石以上の領地は11か所しかなかった。その一方で1万石以下の小領地が14か所もある。こういう小さい直轄領のほとんどは、豊臣家から代官も置かれずに、隣接する大名が管理し、年貢米などの租税だけを納入していた。

そういう場所から、500人、1000人単位で兵を動員させることは不可能だ。もし無理やりおこなったとして、そういう少人数で戦場にバラバラにやってきても、モノの役には立たない。

実際に、豊臣家が単独で動員できる「直属軍」と言えるものは、関西地域の直轄領60万〜70万石から動員できる5万人程度だったと思われる。

しかし、家康の版図は250万石であり、その領地は1つに固まっている。家康の指揮の下で、10万人以上は裕に動員できた。その差は倍である。

もちろん、豊臣恩顧《おんこ》の大名も多々いたので、彼らの動員力をすべて合わせれば、家康を大きく凌駕《りょうが》することはできる。しかし、単独での動員力が、家康に劣っていたということは、秀吉にとっては非常に危険な状態だった。

●なぜ関東への転封は大変だったのか？

この危険な賭けを、なぜ秀吉がおこなったのかというと、転封とは、大名にとってかなり大きな負担となるものだったからだ。家康にとって、加増によって得られるメリットよりも転封による負担のほうが大きい、と秀吉は踏んだのである。

戦国時代当時の大名や武士というのは、土地と一体となっていた。

その土地ごとの地侍や農民を手なずけることで、年貢を徴収したり、諸役を課したりすることができる。年貢の徴収方法や諸役などには、さまざまな「ローカルルール」が存在し、治政は一筋縄ではいかないことが多かった。


しかも、戦争の際には、地侍や農民から、兵士や軍役を動員しなくてはならない。**徴税や兵役がスムーズにおこなわれるためには、領民たちと長い時間をかけて信頼関係を築かなくてはならない。**


しかし、転封のときには領民までは一緒に連れていけないので、彼らを手放さなくてはならない。せっかくこれまで築いてきた信頼関係が、すべて失われてしまう。

新たな領土で、新たに領民との関係を、一からつくらなければならないのだ。

つまり、転封は大きな労力をともなうものだったのだ。

また、この転封というのは、当時の武家社会にはなじんでいない「新しい制度」だった。武家というのは、自分の土地を守り抜くことが命題であり、そうすることで存在してきた階級だった。転封というのは、それを否定することである。

武家社会において、この転封をおこなったのは信長が初めてである。これには抵抗も大きかった。かの「本能寺の変」も、光秀の転封が大きく関係していると考えられる。

徳川家としても、転封は喜ばしいことではなかった。

１５０万石から２５０万石へ大加増になると言っても、土地を移ることの大変さを考えれば、先祖伝来の地にいたほうがマシだったのである。

●①昔から「荒くれ者」が多く統治しにくかった

秀吉は、転封を命じることで、家康を窮地に追い詰めようとしていたと見られる。

家康の家臣たちが猛反対することは目に見えていた。

だから「家康は、転封をすんなり受け入れないだろう」と考え、もし家康が転封を断れば、それを口実に家康を征伐するというプランもあったのかもしれない。

また、**もし家康が転封を受け入れたとしても、統治できるようになるまでは、かなり苦労するはず**だった。当時、転封をスムーズにおこなうことは大変だったからである。

転封となっても、家臣団はそのまま引きつれていくことになる。

家臣団には知行を与えなければならないので、現地の豪族や地侍の知行は、その分、削られることになる。そのため、現地の豪族や地侍が抵抗したり、一揆が起きたりして、なかなか領内の統治がうまくいかないことが多かったのである。

実際、秀吉の家臣だった佐々《さっさ》成政《なりまさ》は、天正15（1587）年に肥後（熊本県）一国を与えられたが、すぐに国を揺るがす一揆が起きたため、その責任を問われ、天正16（1588）年、切腹を命じられている。家康の関東転封のわずか2年前のことである。


そもそも古来、関東というのは、統治がしにくい場所として知られていた。

豪族がひしめいている上に、各自の自立心が強かったのだ。平安時代には**「東国の租税は、ほかの地の半分でいい」とさえ言われていた。つまり、東国は徴税しにくいので、ほかの地域の半分でも徴税できれば、それでOKとされてきた**のだ。

さらに、平安時代の末期には、関東の武士たちはまったく朝廷のいうことを聞かなくなった。そういう武士たちによって、鎌倉に武家政権がつくられたのだ。

とにもかくにも、関東は古代から統治しにくい場所だったのだ。

②物流と経済の僻地で軍需物資が得にくかった

秀吉が、家康を転封させた理由として、もう１つ「当時の関東は経済や物流の僻地だった」ということもある。当時の関東は、日本では僻地と言える地域だった。

当時、もっとも栄えていたのは、やはり近畿であり、大坂、堺、京都だった。とくに大坂は、秀吉の都市建設により、天下一の都市となっていた。**日本中の商業が、大坂を中心に回っていたのである。関東は、流通に関して大きなハンディがあった。**

重要な軍需物資も、西日本のほうが調達しやすかった。海外貿易も、おもに西日本でおこなわれていたし、商工業も西日本のほうが発展していたからだ。

だから、東日本の戦国大名たちは、軍需物資を得るためには、西日本からの流通ルートを確保しなければならなかったのだ。

また、西日本の流通拠点は、豊臣家が直轄するか、秀吉子飼いの大名の管轄だった。海外貿易においては、堺が中心だった。堺より東に、南蛮船などの海外貿易船が入ってくることはほとんどなかった。

つまり、堺より東に行けば行くほど、海外からの物資は入りにくくなっていたのである。三河や遠江ならば、まだ近畿に近かったが、関東となるとかなり遠い。

これは、家康にとって非常に危険な状態だった。豊臣家と家康の関係が悪化すれば、流通ルートをいつでも遮断される恐れがあったのだ。

当時の南蛮貿易、海外貿易というのは、現代人が考える以上に戦国武将にとっては重要なものだった。鉄砲の材料である鉄、鉄砲の弾丸に使われる鉛、弾薬の原料となる硝石などは、当時の日本ではまだ生産がされていないか、されていてもごく少量だった。

そのため、供給が需要に追い付かず、その多くを海外からの輸入に頼っていた。

別府大学客員教授の平井良光氏らの研究によると、秀吉がおこなった「九州征伐」の戦場跡地である田中城から出土された鉄砲玉を検査分析したところ、55％が外国産の鉛だったという。

鉄砲を用いるには火薬の原料として、硝石が必要となる。硝石は１５８０年代くらいに国産化されたとされているが、それでも大量生産はできなかったため、江戸時代になるまでは中国や南蛮からの輸入に頼っていたと見られている。

つまり、家康を関東に転封させたことは、秀吉にとって家康の軍需物資調達を阻止するということでもあったのだ。

この点は、家康にとって非常に頭の痛いものだった。また、この事情が、家康に「関ヶ原の戦い」を急がせた理由ともなっているのである。

●家康に「江戸居城」をすすめた秀吉の狙い

家康に江戸居城（江戸を徳川領の首都にするように）を勧めたのは秀吉だという。

江戸時代に発表された『落穂集』など複数の史料では、家康は当初、小田原に居城しようと考えていたが、秀吉に江戸に居城することを勧められたとされている。

前述したが、今でこそ、江戸（東京）というと、世界有数の巨大都市だが、戦国時代の江戸というのは、辺鄙《へんぴ》な田舎だったのである。

当時、関東には、鎌倉幕府が置かれていた鎌倉という都市があった。また、北条氏の本拠地であった小田原は、京都にたとえられるほど栄えていた。普通に考えれば、家康はこのどちらかに居城するはずだ。なぜ秀吉は、江戸居城を勧めたのか？

それは、もちろん都市建設のために莫大な費用と、膨大な時間がかかるからである。家康入城以前の江戸は、広大な湿地帯であり、都市開発するためには大がかりな土木工事が必要だった。秀吉としては、後継ぎの秀頼が成長するための時間稼ぎをするには、家康に手間と時間がかかる場所に住んでほしかったわけである。

家康が小田原や鎌倉に居城した場合、あまり都市建設の必要はない。すぐに国許の体制を整えることができる。しかも、小田原や鎌倉は、豊臣家の大坂や京都に近い。だから秀吉としては、家康が小田原や鎌倉に居城しては都合が悪かったのだ。

江戸は、大坂や京都から遠く離れており、しかも、都市建設に莫大な費用と時間がかかる。秀吉にとっては、家康の居城としてもっとも好都合な場所だった。

だからこそ、秀吉は家康に江戸を勧めたものと思われる。家康は、秀吉に勧められて「ノー」とは言えず、江戸を選んだのかもしれない。

家康は、つねに時の権力者には極力逆らわずに生きてきた。権力者と事を荒立てることを非常に嫌ったのである。

そのため、秀吉に勧められたことが、江戸を選んだ大きな動機になった可能性が高い。

しかし、時の権力者が押しつけてくる無理難題を、粘り強くクリアしていくのが、家康の本領である。家康の江戸建設は、秀吉の予想に反し、驚くほどの速さで進んだ。

江戸居城は、家康自身が選択したという説もあるが、いずれにしろ江戸を選んだことは結果的に吉と出る。

後年の江戸の発展を見たとき、江戸は首都として絶好の位置にあったということがわかる。鎌倉は土地が狭すぎるし、小田原は関東を治めるには西に寄りすぎている。

江戸は「関東の首都」としては、いちばんいい条件を持っていた。しかも、江戸は「日本の首都」としても、ドンピシャリの位置だった。日本列島のほぼ真ん中に位置し、関東平野という広い土地もある。首都を建設するには、うってつけの場所だった。

秀吉が勧めたにしろ、家康が自分で選んだにしろ、家康が江戸に居城したおかげで、世界に名だたる大都市「東京」がつくられたわけだ。

●あの手この手で「江戸建設」を妨害する秀吉

秀吉は、家康の江戸建設に関して、さまざまな妨害工作をおこなった。

家康に大坂城の普請などを命じて、その財力を削ごうとした。文禄《ぶんろく》3年（1594）年には、伏見城の築城を命じた。この伏見城築城のため、江戸城の建設工事は、一時、中断せざるを得なかった。

また秀吉は死の直前、家康に対し「自分が死んだ後、3年間は京都に残って政務を執るように」と命じている。さらに、わざわざ念押しに「江戸のことが気になったとしても、江戸の施政は息子の秀忠に任せよ」と述べているのだ。

つまりは、家康が自国領の体制を整えるまでに時間がかかるようにしておき、そのあいだに秀頼を成長させてしまおうという魂胆だったのだ。

これらのさまざまな秀吉の妨害工作にもめげず、家康は着々と領内整備をおこなった。また家康には、国許の治政を任せられる優秀な家臣が多数いた。

そのため、家康が京都に出ずっぱりであっても、江戸の建設は進められたのである。

実際、秀吉の晩年から関ヶ原までのあいだ、家康はほとんど京都、大坂で「天下の政務」に携わっていた。にもかかわらず、秀吉の死から2年後の「関ヶ原の戦い」のときには、家康は領内を掌握しており、大規模な兵の動員も可能な状態だった。

秀吉の予想よりもはるかに早く、家康は体制を整えてしまったのだ。

それが「関ヶ原の戦い」の勝敗に大きな影響を及ぼすこととなった。

ちなみに、秀吉がおこなった「各大名に天下普請《てんかぶしん》をさせることで、大名たちの財政力を削ぐ」という手法を家康は学ぶ。徳川幕府は、これを最大限利用するようになった。江戸時代を通じて、幕府は何かと理由をつけては各大名に「天下普請」を言いつけたため、各大名の財政力は大きく損なわれたのである。

●江戸の建設を加速させた家康の財政力

家康が江戸建設をスムーズにおこなえたのは、家康の財政力による部分も大きい。この当時、家康は、すでにかなりの財政力を持っていたと見られる。

秀吉政権時代、家康がどの程度の財政力を持っていたかは、明確な記録はあまり残っていない。しかし、状況証拠から見れば、相当な資産を持っていたはずである。

さすがに秀吉には劣っていただろうが、秀吉を除けば、ほかの大名たちの追随を許さないくらいの資産を持っていたと見られる。

家康は、関東転封前までは三河、駿河など、豊穣《ほうじょう》な国を5か国も領有していた上、領内には、甲斐の黒川金山など、日本で有数の金山も抱えていた。

この黒川金山のおかげで、金銀もかなりため込んだと思われる。

甲斐の黒川金山は、戦国時代当時、日本で1、2を争う金の産出量を持っていた。江戸時代の初期には、毎年1万両近くの金が産出され、世界最大級とされた佐渡金山にも匹敵するほどの産出量を誇ったのである。

黒川金山を開発したのは、武田信玄である。信玄は金山開発を精力的におこない「甲州金」と呼ばれる金貨を製造したと言われている。江戸時代の甲斐には黒川、中山、保村、中村などの金山があったが、その多くは信玄時代に開掘されたものである。

また信玄は、領国内で金貨の貨幣制度も整えた。

記録の上では、天文13（1544）年に、甲州で大小4種類の金貨がつくられたことになっている（「塩川寺文書」）。金貨といっても、重量が定められただけの原始的なものだが、それでも信玄の貨幣制度は相当に進んでいたと言える。

これらの金の採掘技術や、金貨の製造技術を、家康はそのまま引き継いだ。

前述したように、家康は、天正10（1582）年、織田領だった甲斐に侵攻した。

それから、天正18（1590）年までの8年間、家康は甲斐を支配下に置いていた。その間、大量の金を採掘し、貨幣製造の技術などをごっそり持っていったのである。

武田家で秤の製造を独占していた守随《しゅずい》氏は、家康にも取り立てられ、関東に転封になった後、江戸で「秤座《はかりざ》」をつくった。また、武田家の官僚だった大久保長安なども登用している。さらに、甲州金の貨幣単位や秤量《ひょうりょう》技術も継承した。

家康は、江戸で独自の「金の小判」を発行した。これは、家康が江戸に移って間もない文禄4（1595）年のことで、まだ秀吉政権の時代である。

また、家康は、金職人の後藤《ごとう》庄三郎《しょうざぶろう》光次《こうじ》に命じて「金座」をつくらせていた。この光次が「武蔵墨書小判」「駿河墨書小判」「額一分金」などを製造したと見られている。

金の小判を発行しているということは、それだけ金の保有量が多かったということでもある。ちなみに、この金座のあった場所に、後年、日本銀行がつくられることになる。

とにもかくにも、家康は相当な経済力を持っており、それが江戸の建設を加速させた大きな要因だと言える。

●家康が関東の豪族たちと衝突しなかった理由

家康の関東転封がスムーズにおこなわれたのは、もう1つ大きな要因がある。関東では、小田原征伐が終了した時点で、主な豪族のほとんどが消滅していたのだ。

というのも、秀吉が小田原に進軍した際、北条氏は、配下の主な武将のほとんどを小田原城に入れていた。

武蔵《むさし》（埼玉県、東京都）の上杉氏、上田氏、上野の由良《ゆら》氏、下総《しもうさ》（千葉県北部）の千葉氏、相馬《そうま》氏、大須賀《おおすが》氏、常陸《ひたち》（茨城県）の岡見《おかみ》氏、土岐《とき》氏、下野《しもづけ》（栃木県）の那須《なす》氏、壬生《みぶ》氏、長尾《ながお》氏など、関東の目ぼしい豪族のほとんどが、小田原城で籠城していたのである。

そのため、北条氏が秀吉に降ったときに、豪族のほとんどは北条氏もろとも滅んでしまったのだ（鈴木理生『江戸と江戸城』新人物往来社）。家康が関東に入ったときには、地元の勢力が抵抗するようなことはほとんどなかったのだ。

また当時の家康は、天下に聞こえた大武将であり、家康に歯向かうほどの力のある豪族は、ほとんど残っていなかった。家康とその家臣団は、地侍や農民とのあいだでも、それほど大きなトラブルが起きることはなかったのである。

家康は、１２０万石から２５０万石という倍以上の加増となっており、自らの家臣団を養うくらいの土地は十二分にあった。家康家臣団が入ってきたことで、現地の地侍や農民と利益衝突するというようなことも、あまりなかったのである。

さらに家康は、北条氏の旧家臣たちも、積極的に家臣に登用した。そうすることで、浪人たちが一揆や騒乱を起こすことを未然に防いだのである。

●地形を変える大規模な都市整備とは？

家康は転封と同時に、大規模な土木事業を開始した。

家康が江戸に入ったとき、まだ秀吉は存命中だったが、家康はまるで江戸が天下人の居城になることを想定したような、ひいては江戸が日本の首都になることを見越したような、スケールの大きな都市整備事業をおこなった。

江戸城の築城や江戸の都市整備は「関ヶ原の戦い」以降に完成している。

その計画自体は、家康が江戸に入った時点で立てられたものであり、主要事業の多くは関ヶ原以前に着工されていた。前述したように、当時の江戸は閑散とした地域であり、城下町を建設するにはインフラ整備がまったくできていなかった。

また、当時の江戸湾は、決して交通の便利がいいところではなかった。

家康が江戸に入ったとき、江戸湾の真ん中に「江戸前島」と言われる半島が突き出ていて、その半島の西側に「日比谷入江」という港があった。現在の日比谷付近である。太田道灌のつくった江戸城は、この日比谷入江に直結する位置にあった。家康は、この道灌が築いた江戸城の地に、新たな江戸城を建てることにしていた。

が、この日比谷入江は、あまり利便性はよくなかった。

関東平野から食料や塩などを、日比谷入江まで運ぼうと思えば、隅田川、中川、江戸川から江戸湾に出て、江戸前島を大きく迂回《うかい》して日比谷入江に入らなくてならない。

しかも隅田川、中川、江戸川は、たびたび氾濫《はんらん》を起こしており、運河として使い勝手がいいものではなかった。そのため、半島だった江戸前島の両側を埋め立てて、半島の両側を陸続きにしてしまうことにした。

つまり、江戸前島という半島は、このときなくなってしまうことになるのだ。

このとき埋め立てられた地域には、現在の丸の内、大手町などが含まれる。**家康は、江戸城下を整備するために、土地の平坦化もおこなった。山を取り崩して平野地を増やし、さらに取り崩したときの土砂で沿岸を埋め立てたのだ。**

東京は関東平野の中にあるため、広大な平野のようなイメージがあるが、そうではない。渋谷や神楽坂を歩いてみればわかるが、東京は非常に坂の多い土地なのである。

また、東京の中心部を周回する山手線が、なぜ山手線と言われているのかというと、もともと東京（江戸）は小高い山が多い場所だったからなのである。この小高い山が、埋め立て地の土砂になったのだ。

そして、江戸時代以降に埋め立てられた土地が、おおむね現在の「下町」と呼ばれる地域であり、もとの小高い山があった地域が「山の手」なのである。

●利根川の経路を変えて史上初の水道設置まで

江戸には、水の問題もあった。

当時の江戸は、日本最大の河川である利根川がたびたび氾濫し、水害をもたらしていた。その一方で、海に近い湿地帯なので地下水の質が悪く、井戸を掘っても飲料水にできないという問題もあった。

家康は、この問題を解決するためにどうしたか?

まず、**土木工事によって利根川の経路を変えた**のである。

現在の利根川は、関東平野を西から東へと横断し、銚子《ちょうし》（千葉県銚子市）から太平洋に出ている。しかし以前の利根川は、太平洋にまではいかず、かなり手前のところ（現在の埼玉県羽生《はにゅう》市あたり）から南流し、江戸湾（東京湾）に流れ込んでいた。つまり、まともに江戸のど真ん中を貫いていたのである。

これでは、利根川が氾濫するたびに江戸は大きな被害を受ける。そのため、大規模な河川工事をおこない、江戸を通らず太平洋側に迂回させたのである。この工事は60年かかって、ようやく完成した。

また、飲料水の問題は「水道」をつくることで解決を図った。

家康は、江戸に来た当初から、江戸周辺の川から水道を引く工事を開始し、小石川上水（神田上水）などの水道をつくった。これは、日本で最初の本格的な水道だった。

江戸っ子の誇りとして「産湯《うぶゆ》は水道の水だった」というものがあるが、水道というのは、それほど先駆的なインフラだったということである。

さらに、江戸城に資材を運び入れるため、外堀川が整備された。東京の地図を見てもらえばわかるが、東京23区の南半分は、神田川、隅田川、日本橋川でぐるっと囲まれている。

これは家康が江戸に入った際に、江戸城下の物流のために河川の掘削工事をおこなったからである。これにより行徳塩田《ぎょうとくえんでん》（千葉県市川市）の塩、江戸湾の魚介類、関東平野の農作物などを、江戸城下に水路で運び入れることが可能になった。

●天主の建築は後回しにして都市計画に専念

その一方で、家康は、江戸における自分の居住スペースや「天守」などは後回しにした。天守というのは幾層にもわたる建築物で、一般的に言われるところの「お城」のことである。

ちなみに、城というのは厳密に言えば、堀や塀、土塁などを含めた戦争施設全般のことを指し、建物は城の中の一部に過ぎない。

中世以前の山城などでは、建物がない城がほとんどだったが、現代になると城という
と「建物」というイメージがつき、天守のことを城と言われることが多くなったのだ。

近代の城郭《じょうかく》では、威厳を示すために壮麗な天守をつくることが多くなっていたが、家康は、それをあまり重要視していなかったようである。

だから、家康が江戸に入った当時、江戸城の建物は非常にみすぼらしいものだった。

見かねた家康の側近・本多正信が「他国からの使者を迎えるときの体裁もあるので、せめて玄関だけでも修築しては」と提言したが、家康は「そなたは無駄なことを申す」と答えたという。

ただ、家康は「関ヶ原の戦い」後には、諸大名を大動員して壮大な天守を建設した。

家康にとっては「天守などは天下を獲った後でいくらでもつくれる」「今は都市建設が先だ」ということだったのかもしれない。

第3章

豊臣家を分断せよ！ ライバルの弱体化は迅速に

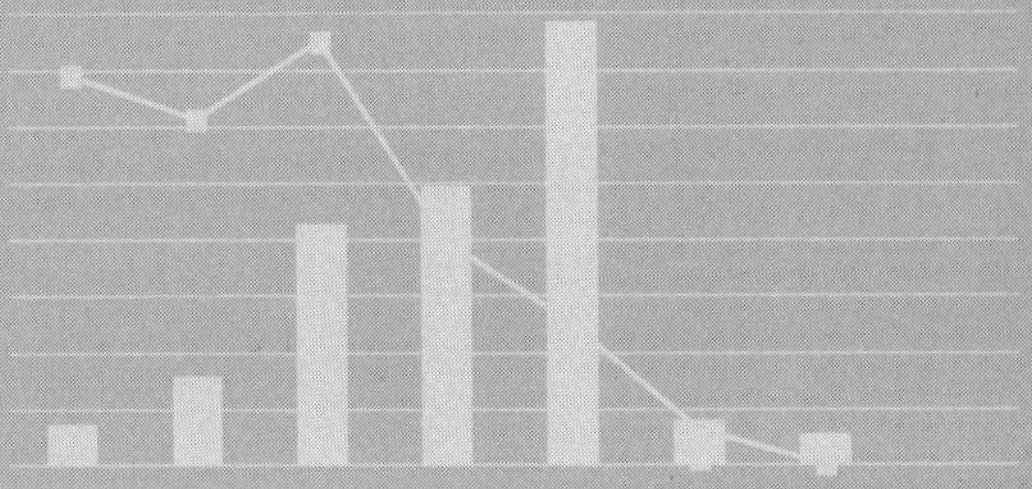

●家康の高等戦略が発揮された「豊臣家分断作戦」

江戸建設がようやく軌道に乗り始めたころ、家康に千載一遇《せんざいいちぐう》のチャンスが訪れる。慶長3（1598）年、豊臣秀吉が死去するのである。このとき、世継ぎの秀頼はわずか5歳だった。しかも、秀吉は晩年に「朝鮮の役」という大失策を犯していた。

この大失策は、秀吉恩顧の家臣たちに深刻な分裂をもたらしていた。

「強大な相手が弱ったときに叩く」という家康の高等戦略は、秀吉の死後、最大限に発揮された。

よく知られているように、秀吉の死後、豊臣家の大名たちは、石田三成らの文官派と、加藤清正《かとうきよまさ》らの武闘派に分かれ対立していた。

そのきっかけとなったのが「朝鮮の役」である。この戦いは、秀吉が天下統一をした直後の文禄元（1592）年に「明《みん》に攻め入る」として、朝鮮半島に出兵したものである。途中の停戦期間を含めて足掛け6年におよぶ戦争となった。

この「朝鮮の役」に参戦させられた大名たちは、経済的、人的に大きなダメージを受けた。朝鮮遠征軍の主軸として働いたのは、豊臣家恩顧の大名が多く、戦後の論功行賞などを巡って、彼らは分裂状態になるのだ。

豊臣政権は、五大老、五奉行によって運営がされていた。

五大老は、家康、前田利家《まえだとしいえ》、毛利輝元《てるもと》、上杉景勝《うえすぎかげかつ》、宇喜多秀家《うきたひでいえ》の5人である。日本全体について大まかな取り決めは、この五大老がおこなうということになっていた。

●石田三成

一方、五奉行は、浅野長政《あさのながまさ》、前《まえ》田玄以《だげんい》、三成、増田長盛《ましたながもり》、長束正《なつかまさ》家《いえ》の5人である。この五奉行が、豊臣政権の行政実務をおこなっていたのだ。

五奉行のもっとも重要な任務は、豊臣家の蔵入地（直轄領）の管理運営だったと見られている。秀吉の遺言とされる「太閤様覚書」にも「年寄（奉行）5人で蔵入地の算用をするように」などと明確に記されている。

この五奉行の中で、もっとも有力だったのが、三成だった。

筆頭奉行は一応、長政になっていたが、これは年齢による「名誉筆頭」のようなもので、実務的には三成が筆頭的立場だったと思われる。

というのも「朝鮮の役」など、豊臣家の重大な事業には、つねに三成が中心的な役割を果たしていたのである。つまり三成は、豊臣家の財産管理の総責任者であり、いわば「財務大臣」もしくは「首相」のようなものだったのだ。

いずれにしろ、五奉行の中で最高の権力を握り、豊臣家の巨額な資産について、もっとも強い権限を持っていたのは、三成だったと見て間違いない。

●誰が「石田三成襲撃事件」の首謀者なのか?

「関ヶ原の戦い」の大きなきっかけとして「石田三成襲撃事件」というものがある。

秀吉の死後、秀吉恩顧の大名たちは、石田三成ら文官派と、清正や福島正則《ふくしままさのり》などの武断派のあいだで溝が深まっていたが、大老の筆頭・利家の取りなしにより、両者の決裂は避けられていた。

しかし慶長4（1599）年閏《うるう》3月、その利家が死去すると、直後に、清正、正則、細《ほそ》川忠興《かわただおき》、浅野幸長《あさのよしなが》、黒田長政《くろだながまさ》、蜂須賀家政《はちすかいえまさ》、藤堂高虎《とうどうたかとら》の7人が、清正の屋敷に兵を率いて集合。三成の大坂屋敷を襲撃したのである。

三成は、襲撃を事前に察知し、伏見屋敷に逃れた。

このとき、三成は家康の屋敷に逃げ込んだというエピソードがあるが、これは歴史的な根拠はなく、後世の創作だと見られている。

が、家康のとりなしにより、7人が矛を収め、徳川家の護衛により三成が佐和山城《さわやまじょう》に帰還したことは事実である。この事件により、石田三成は豊臣家奉行の職を辞し、失脚することになった。三成の挙兵の直接のきっかけとなる重要な出来事である。

●加藤清正

この「石田三成襲撃事件」には大きな謎がある。

まず、この事件は利家の死去直後に起きたものであり、あまりにも手回しがよすぎる。

しかも、この時期はすでに秀吉の「惣無事令《そうぶじれい》」が出された後であり、中央政権の指示によらない勝手な戦いは、私闘として厳禁されていた。

場合によっては、取り潰しされてしまうこともあったのだ。

だから、三成を襲った7人というのは、本来厳罰に処されなくてはならない。

にもかかわらず、事件後、この7人は罪に問われていないのだ。

この7人も、私闘が厳禁されていることは重々承知していたはずだ。

後世では、この件について、それほど重大な見方はされていない。「7人の三成に対する怒りがそれほど強かったのだ」という程度の解釈しかされていないのだ。

しかし、時は戦国の世である。ちょっとしたしくじりで、改易や切腹させられるのは日常茶飯事だった。五奉行の筆頭的立場だった三成を襲撃したとなれば、厳しい処罰を受けておかしくないはずだ。

そういうリスクを承知で、三成を襲撃するだろうか？

7人には、それなりの「勝算」があったからこそ、三成を襲撃したものと思われる。

「事を起こしても、自分たちが罰せられることはない」という確証があったからこそ、事を起こしたのではないか。つまり、家康の黙認があったのではないか。

さらに一歩進んで、家康の内意を汲んだ行動ではなかったのか、ということである。

もっと言うと、この襲撃は、突発的に起きたことではなく、かなり以前から用意周到に準備されていたものではなかったのだろうか。

そもそも、7人の中で、首謀者は誰だったのだろうか？

●家康と細川忠興の尋常ならぬ関係

この疑問について、清正や正則が事件の首謀者であった、という説が根強い。

が、家康の意を汲んだ首謀者という点から考察すると、別の人物が浮かんでくる。

細川忠興である。

それについて、直接的な証拠は何も残っていない。

しかし、間接的な証拠はかなり残っているのだ。

まず、三成が関ヶ原直前に、真田昌幸《さなだまさゆき》に出した手紙の中に「細川忠興は、太閤様が亡くなった後、徒党を組んでその大将となり、国を乱れさせた」と述べているのだ（原文「長岡越中儀、太閤様御逝去已後、彼仁を徒党之致大将、国乱雑意本人候」）。

これを見ると、少なくとも三成は、忠興が首謀者だと確信していることがわかる。

また三成を襲撃した7人の中では、地位的には忠興がリーダー格だった。

忠興の格式は、けっこう高い。忠興の細川家というのは、もともとは、足利将軍の家臣であり、各地の守護大名を務めた名家だ。非常に由緒正しき家なのである。

しかも、秀吉が明智光秀を討った「山崎《やまさき》の合戦」では、細川親子は忠興の妻となっていた光秀の娘を幽閉した上で、秀吉軍に馳せ参じている。信長家臣たちが秀吉軍に与《くみ》する流れをつくるという、非常に大きな「勲功」をあげているのだ。

細川家は、豊臣家臣の中ではもっとも古いグループであり、いわば豊臣家の生え抜きメンバーの1人である。忠興は、そういう名家の惣領だったのである。豊臣家臣の中では、それなりの存在感や発言力があった。

また、三成を襲った7人の武将の中では、忠興はもっともキャリアがある。

元来、三成襲撃事件の首謀者とされてきた清正や正則は「山崎の合戦」の後で生じた「賤ヶ岳《しずがたけ》の戦い」あたりから頭角を現してきた武将である。

彼らよりは忠興のほうが、豊臣家での序列ははるかに高かったのだ。

では、なぜ忠興が「石田三成襲撃事件」を起こしたのか？

それは「三成への敵意」と「家康への好意」だと見られる。

忠興と家康は、一時期まではまったく接点がなかった。

しかし、ある出来事を境に強い結びつきが生じる。

●忠興が親徳川派となった「秀次事件」

それは関ヶ原の5年前のことだった。

当時、豊臣家の家中は「豊臣秀次《ひでつぐ》切腹事件」で揺れていた。

秀次は秀吉の甥（姉の長男）であり、秀吉の身内として取り立てられていた。

実子のいなかった秀吉の後継者に指名され、朝鮮出兵の直前、文禄元（1592）年には、秀吉から関白職も譲られていた。

が、その直後に秀吉に嫡男の秀頼が誕生し、状況が一変した。

秀次は謀反《むほん》の疑いをかけられ、高野山《こうやさん》に蟄居《ちっきょ》させられた上、切腹を命じられ、さらし首にされたのである。

この事件では、秀次のこれまでの政治的失敗や散財、好色などが理由にされることもある。

が、状況的に見て「秀頼が生まれたことにより、秀次が邪魔になって殺害された」と見るのが妥当だろう。

なぜなら、この事件では、秀次の一族郎党39名もが皆殺しにあっており、これは秀頼のために禍根を残したくないということの表れだと考えられるからだ。

しかも「秀次切腹事件」は、これだけでは収まらなかった。

秀次と関係の深い大名や家臣たちも、その関連性を追及されることになったのだ。

じつは忠興は、秀次と深い関係にあった。多額の借金をしていたのだ。

具体的にいうと、忠興は秀次から黄金１００枚も借用していたのである。

秀次は、多額の金銀を諸大名たちに貸していた。

当時、朝鮮への出兵を命じられた大名たちは、財政が逼迫していたのである。

忠興も、その1人だった。

秀次はそれを見かねて、黄金を100枚貸し与えたものと見られている。

忠興にとっては、これが思わぬ災いとなったのだ。

この時期、秀吉は、秀次に関係の深い者たちの摘発に躍起になっていた。その中で、秀次から黄金100枚を借り受けていたとして、忠興もやり玉に挙げられたのである。

●細川忠興

秀吉は、異常なまでに秀次の関係者を粛正することにこだわっていた。秀吉サイドからは、忠興も切腹を示唆されていたほどである。

忠興の家臣・松《まつ》井《い》康之《やすゆき》の家に残る『松井家文書』によると、忠興は謹慎を命じられ、切腹の準備をして秀吉からの命令が下るのを待っていたという。

かった。

が、秀吉も冷静さを取り戻したのか、忠興に切腹は命じず、改易などの処分も下さなかった。

光秀の娘を妻に娶《めと》っていたにもかかわらず、先の「山崎の合戦」では秀吉方につき、大きな働きをした細川家を信用したのである。

その代わり、秀次から借りていた黄金100枚を、すぐ秀吉に返すように求められた。忠興としては、九死に一生を得たものの、この黄金100枚の返還というのが大変だった。**当時の黄金100枚は、ざっくり計算すると米4万〜5万石分となる。このような大金が簡単に用意できるものではない。**

しかも、この当時は、まだ金銀が通貨として流通し始めたばかりのころである。大商人でも、そう簡単には金銀が手に入るものではなかった。おそらく当時、すぐに黄金100枚を用意できるのは、日本で数名しかいなかっただろう。

●窮地の忠興に黄金100枚をポンと出した家康

忠興は当初、同僚である前田利家や浅野長政に借用の打診をした。

日本有数の大大名であった2人だが、どちらも黄金100枚は貸せなかった。利家は「米ならば貸せるが黄金100枚は無理だ」と言ってきた。

忠興が途方に暮れているとき、家臣の松井康之が「徳川殿にお借りすればどうでしょう」と提案してきた。さらに康之は、家康の家臣・本多正信に掛け合った。

当時、すでに家康は江戸に金座をつくり、小判の鋳造《ちゅうぞう》を開始していた。そのため、黄金の所有も少なからずあったのである。そこで忠興は、当初、黄金50枚を家康に所望していた。残りの50枚は、どうにかして別で調達しようと考えていたのである。

しかし、**家康は黙って黄金100枚を貸してくれた**のである。

もちろん、忠興が感激しないわけはない。おそらく、命の恩人だと思ったはずだ。

家康は、天下を取った後も足袋を履かず、そのせいであかぎれになるなど「倹約家」「ケチ」として名高い。が、このように、出すべきときには出しているのだ。

当時の黄金100枚というと、家康といえども決して少ないお金ではなかったはずだ。それを何の保証も取らずに、サッと差し出せるところに、家康が天下を獲れた理由があるようにも思われる。

実際、忠興は、家康が天下を獲るために、重要な役割を果たすことになる。

先に述べたように、秀吉恩顧の大名たちが分裂する決定的な事件、三成襲撃を企て、実行したのである。それが、関ヶ原への大きな布石となるのだ。

●家康の意を汲んだ証左としての加増

また、関ヶ原の直前の慶長5（1600）年2月、忠興は、家康の意向により6万石を加増されている。

じつは三成を襲撃した7人の中で、このときに加増を受けたのは忠興だけだ。なぜ、忠興だけが加増になったのか、どう見ても不自然である

当時、朝鮮に出兵した際に、大きな手柄があったり、大きな負担を強いられたりした大名は多々いる。そういう大名のほとんどは、まともな褒賞を与えられていない。

にもかかわらず、忠興だけが、6万石もの大きな加増を受けた。

しかも、これは家康の意向なのだ。知行充行状には加増の理由は明示されていないが「徳川家康の意向による」ということは明示されている。

このことからも、忠興が襲撃事件の首謀者だったこと、それが家康に評価されていたことがわかるはずだ。

秀吉が死亡してから「関ヶ原の戦い」までに、豊臣政権から出された知行充行状の中で「内府《ないふ》（家康）の意向による」と明確に記されているのは、この忠興への6万石の加増のときだけなのである。

しかも忠興は、肝心の「関ヶ原の戦い」では大した軍功もあげていない。それなのにその後も大きな加増を受け、最終的には清正の後を継いで肥後一国の領主になっている。

家康が「石田三成襲撃事件」を評価していたという、何よりの証左だと思われる。

いずれにしろ、関ヶ原において忠興は、後世の印象よりはるかに重要な人物だったということは間違いない。

●秀吉の遺産を勝手に浪費し始める家康

家康は忠興ばかりではなく、ほかの大名に対しても、勝手に加増をしている。

ただし「家康が知行を与える」といっても、家康が自分の領地を削って、誰かに与えるというわけではない。豊臣家の直轄領を、勝手に誰かに分け与えるのである。

もちろん、それでは豊臣家の資産が目減りをする。

しかも、もらったほうは、豊臣家よりもむしろ家康に感謝する。

つまり、家康は豊臣家の資産を使って、諸大名に恩を売ろうとしたわけなのだ。

が、秀吉の死後「家康がそういう動きをするのではないか」ということは、秀吉陣営も気づいていたようである。だから、秀吉は家康に対し「秀頼が成人するまで天下の仕置きは任せるが、豊臣家の資産管理については関与するな」などと命じていたのだ。

秀吉は死亡する直前、家康に誓紙を出させている。この誓紙は、豊臣家の五大老、五奉行が互いに交わしたものだが、実際は秀吉の意向で書かせたものだろう。

しかも、この誓紙は、家康のものだけが、ほかの者よりも厳しい内容になっているのだ。その内容というのは、次のようなものだった。

「豊臣秀頼が成人するまでは、知行に関することは、どんな者からの訴えであっても、申し次はしない。ましてや、自分の加増などは絶対に要求しないし、もし与えると言われても拝領しない」

つまり「家康は知行に関しては絶対に関わらない」という非常に厳しい約束である。家康以外のほかの四大老の誓紙は「知行に関して誰かから訴えがあった場合は、五奉行に相談する」という程度にとどめてある。

これを見ると、秀吉や秀吉側の者たちは「家康が豊臣家の直轄領を削って、諸大名に知行を与えることを警戒し、あらかじめそれを厳禁していた」ということがわかる。

前述したように、豊臣家の直轄領は、家康よりもかなり少ない。しかも、日本全国に分散しているため、家康とは兵の動員力などでは石高以上の差がある。

豊臣家の将来を考えれば、これ以上、直轄地を削るのは極力避けなくてはならない。

それは、豊臣家の側にいれば誰でも感じていたはずである。

逆に言えば、豊臣家をつぶそうと思えば、なるべく豊臣家の直轄領を削ることである。

●豊臣秀頼

だから、秀吉や大老、奉行たちは、家康を警戒して「知行には関知しない」という誓書を出させていたのだ。

しかし、家康は秀吉が死んだ途端、この誓いを破って自分のいいように各武将に知行を乱発し始めたのである。

それを必死に食い止めようとしていたのが、三成だったのだ。

●晩年の秀吉に疎んじられた小早川秀秋

この家康による「知行乱発」で、もっとも恩恵を受けたのは、あの小早川秀秋《こばやかわひであき》である。

小早川秀秋、言わずと知れた「関ヶ原の戦い」におけるキーパーソンだ。

「関ヶ原の戦い」当日、東西両軍の拮抗した戦局が続いている中で、突如、西軍の秀秋が東軍に寝返り、それをきっかけに西軍が総崩れとなった。

そのため、秀秋は、関ヶ原の勝敗を決めた人物と言われることもある。

じつはこの秀秋は、秀吉の死の直後、家康から大きな「報償」をもらっているのだ。

秀秋とは、そもそも一体どんな人物なのか？

彼は天正10（1582）年、近江国長浜《おうみのくにながはま》（滋賀県長浜市）で生まれた。彼の父親は、秀吉の正室おねの実兄である。

つまり秀秋は、秀吉にとって義理の甥にあたる。

長らく子どもができなかった秀吉は、この秀秋を幼少時より養子とし、羽柴《はしば》の名字を与えて羽柴秀俊《ひでとし》とした。

●小早川秀秋

秀吉は、秀秋に大きな期待をかけ、豊臣家の一部を相続させるつもりでいたのだ。

しかし、**この秀秋は、秀吉の晩年、不遇となる。秀吉に、嫡男の秀頼が生まれたため**である。

このため、秀吉は天下の相続人を秀頼に指名し、これまで秀秋に預けていた豊臣家の相続権を、猛烈に奪い返そうとし始めた。

慶長3（1598）年5月、秀吉が死去する3か月前には、筑前（福岡県西部）・筑後（福岡県南部）30万石から越前北ノ庄（福井県）15万石に転封となった。石高が半分も減らされたのである。筑前・筑後30万石は、豊臣家の直轄領となった。

筑前・筑後というのは、豊臣家にとって重要な場所だった。

とくに筑前は日本で1、2を争う国際貿易港の博多を擁する一大商業地だったのである。その大事な場所は、豊臣家の直轄領として、跡取りの秀頼に残してあげたいということだったのだろう。

●関ヶ原の前段階で秀秋を優遇していた家康

しかし、この筑前・筑後30万石が、秀吉の死後、すぐ秀秋の手に戻ったのだ。

秀秋に筑前・筑後を返還したのは、形式の上では家康ではない。筑前・筑後返還の知行充行状には、五大老の署名がされているからだ。

が、五大老の名義は形式的なもので、家康の意思が強く反映されていると言える。秀吉の死後、実質的に政治を取り仕切っていたのは家康である。

だから、この時期に出されている五大老署名の文書は、家康の意向が強く反映しているものと見ていいだろう。

とくに、秀秋に筑前・筑後を返還するこの知行充行状は、明らかに家康にとって有利であり、家康による豊臣家の分断作戦だったと言える。

秀秋の領地を増やすことは、豊臣家の将来、とくに秀頼の将来にとっては何の得にもならない。豊臣家の直轄地が減った分だけ、大損ということになる。

豊臣家の直轄領を減らし、秀頼が引き継ぐ資産を少なくすることは、家康にとって、天下獲り戦略が有利になるということだ。

しかも秀秋に対し、恩を売ることができる。

秀秋は、最後に冷たくされた秀吉に対してよりも、旧領地を取り戻してくれた家康への恩義のほうを重く感じるだろう。

実際に「関ヶ原の戦い」で、秀秋はもっとも重要な局面で西軍を裏切り、東軍についたのである。

見事に、家康のもくろみが当たったと言えるのだ。

●三成から重要拠点を取り上げて大ダメージを与える

この秀秋への筑前・筑後30万石の返還は、豊臣家だけではなく、三成にとっても大きなダメージとなった。というのも、この筑前・筑後の豊臣直轄領というのは、三成が代官をしていたからだ。

豊臣家の直轄領は、その管理を隣接地の大名に任せている場合もあれば、豊臣家から代官を指名している場合もあった。筑前・筑後の場合は、豊臣家にとって非常に重要な拠点であることから、三成に代官を任せていたのだ。

そもそも、この筑前・筑後30万石は、当初、三成に与えるという話もあったほどなのだ。慶長3(1598)年5月、三成が家臣の大音新介《おおとしんすけ》に与えた手紙によると「内々は筑後筑前を下され、九州物主に遣わし候」と述べられている。

つまり、秀吉は秀秋を北陸に転封させた後、三成に筑前・筑後を与え、九州全体のお目付け役的な存在にしようとしていた、というわけだ。

しかし、三成はこの手紙の後段で「(秀吉の重要拠点である)佐和山を任せられる人もおらず、秀吉のさまざまな指令を申しつけられる人もいないので、今のまま佐和山に残ることにした」と述べている。

そのため、筑前・筑後は豊臣の直轄領となり、三成がその代官を命じられたのである。

三成は、秀吉にとっては懐刀だった。しかも秀吉に対し、揺るぎのない忠誠心を持っている。筑前・筑後の地が、三成によって管理されていれば、豊臣家にとってこれほど心強いことはない。逆に言うと、この要衝の地を、頼りない秀秋に還付されれば、豊臣家のダメージは大きい。

また三成にとって、豊臣政権の重要拠点で代官を務めているということは、自分自身の財政力や政治権力を大いに高めることになっていた。

しかし、筑前・筑後の代官の座を降りると、それを損なうことになる。

つまり、三成の権力が大きくパワーダウンするのだ。

家康としては、それも狙っていたものと思われる。

もちろん、三成にとって不快でないはずはない。三成は、反対の意を持っていたはずである。

しかし「秀吉の縁者である秀秋に旧領地を返還する」と言われれば、反対しにくい。家康は、それを狙ったのだろう。

●豊臣領を勝手に諸大名に分配して味方を増やす

秀秋が筑前・筑後を還付されたとき、旧領である越前15万石は、豊臣家には戻されなかった。青木一矩《あおきかずのり》(重吉)に加増ということになったのだ。

つまり豊臣家は、30万石を小早川家に還付した後、越前の15万石も青木家に加増しているので、直轄領30万石がまるまる減ったということになる。

もともと豊臣家は、家康よりもかなり少ない220万石しかなかったのである。それが30万石も減ったのだ。

豊臣領と家康領との差はさらに開いたわけである。

慶長4(1599)年10月には、堀尾吉晴《ほりおよしはる》に5万石の加増をしている。

このときの知行充行状は、毛利、宇喜多、家康と、三大老の署名となっているが、実質的には家康の意を汲んだものと思われる。

堀尾吉晴は、もともとは信長の家臣であり、与力として秀吉軍に加わっていたが、信長の死後は秀吉の傘下に入った。

秀吉の死後は、家康に接近し、同年3月には家康の伏見城入城を助けたとされている。伏見城とは、豊臣政権の公務を司る場所だった。秀吉は遺言で「家康が伏見城に入る場合は、ほかの者はそれを妨げてはならない」と述べていた。

秀吉は家康に天下の仕置きを託しており、伏見城は天下の仕置きをおこなう場所だったからだ。

しかし、伏見城は豊臣家の聖域でもあったため、豊臣系の大名たちの反発があり、家康としても、最初はなかなか伏見城には入り辛かったのである。

利家が死去し、三成が佐和山城に引っ込んだ後、ようやく家康は伏見城に入城したのだ。そのとき、入城の手引きをした豊臣系大名の1人が、吉晴だったのである。

第4章

「関ヶ原の戦い」を短時間で終わらせた高等戦略

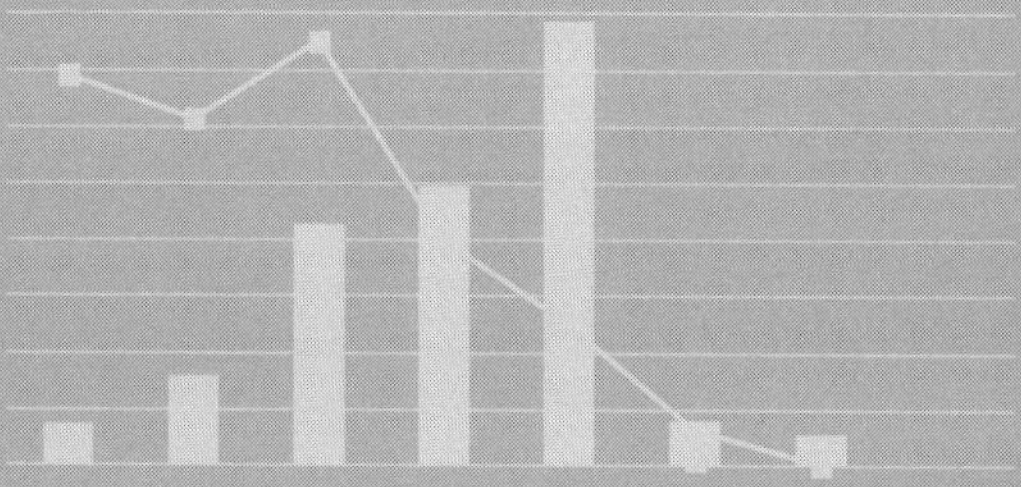

●「関ヶ原の戦い」は「不思議な戦い」だった

家康が天下を手中にした契機というのは、何と言っても「関ヶ原の戦い」である。秀吉死後の家康は、関ヶ原がなくても、当世随一の実力者ではあった。

しかし、この戦いにより、家康の名声は、ほかの大名を圧倒することになり、世間は「天下人」と認識するようになるのだ。

家康は、この「関ヶ原の戦い」で、大きな名声を得ただけではなく「巨大な実利」も得ている。関ヶ原で敗れた西軍から没収した石高は、630万石にも上ったのだ。

つまり、**わずか数時間の戦い**（前哨戦を入れても1か月足らず）**で630万石もの褒賞を得たようなものだ。**

この褒賞の多くを分捕ったのは、家康なのである。家康自身への加増と、身内への加増だけで300万石を超えていた。家康は直轄領だけで約400万石、譜代大名などを合わせると約600万石の広大な領地を手に入れたのだ。しかも、家康は、この戦いにより、全国の主要な金山、銀山や、堺などの主要港を手に入れた。

鎌倉以来の武家政権の中で、これほどの財政力を持った政権はない。財力で見れば徳川家がダントツなのである。江戸時代が徳川家の安定政権となったのは、この強大な財政力が大きくものを言っているのだ。

「関ヶ原の戦い」では、秀吉恩顧の大名たちも多く家康陣営（東軍）に加わったが、彼らに与えられたのは、合計でも200万石程度だったのである。

しかも、彼らの多くは近畿周辺から、中国、九州、四国などへ転封させられたため、実質的には加増ではなく、現状維持か減石と言えた。

これほど経済効率のいい戦争は、戦国時代を通じてなかったと言える。戦国時代の大名たちは、領地をほんの少し広げるために、非常に苦労してきた。

たとえば上杉謙信と武田信玄などは、信濃のほんの一部の領地を巡り、川中島で10年以上にわたって抗争を繰り広げてきたのだ。それが、関ヶ原の場合は、たった半日の戦いで、630万石もの新領土を獲得することになったのである。

このように、家康は「関ヶ原の戦い」というたった1回の戦争で、巨額の資産を手にすることになるのだが、これは「棚からボタモチ」的なものではない。家康の計算によるものが大きいのだ。家康にとって「関ヶ原の戦い」とは、自身の戦略的な発想が無数に集められた「最高傑作」なのである。

この「関ヶ原の戦い」というのは、じつは非常に「不思議な戦」だったと言える。戦国時代やほかの時代の常識とは、かけはなれた結果をもたらしているからだ。

「関ヶ原の戦い」と、ほかの戦いと大きく違う点が2つある。

1つは、あれだけの大軍勢の激突ながら、わずか半日で終わってしまったということである。

普通、あれだけ大軍勢の激突は、なかなか勝敗がつかないものだ。

たとえば、関ヶ原のように日本中が二分した戦いの例として「応仁の乱」がある。この乱は、将軍の後継問題を契機に、室町幕府の有力な守護たちが東西の両軍に分かれて激突した戦いである。戦いの構図としては、関ヶ原に非常に似ている。

が、ご存じのように、応仁の乱は何年もダラダラと続き、それが100年に及ぶ戦国時代につながっていった。だから「関ヶ原の戦い」もだらだらと長引き、全国的な争乱時代に突入する可能性もあったのだ。

●関ヶ原合戦屏風

実際、九州の大名などは、長期的な戦乱が再び訪れると予期し、その準備をしていた者も多い。しかし、その意に反して、あっけなく終わってしまったのだ。

「関ヶ原の戦い」のもう１つの特徴は、敗者となった西軍側の主力は、大将が討ち取られるなど、壊滅的な打撃を受けたということである。

１回の会戦で、一方が殲滅的な打撃を受け、大将が討ち取られるようなことは、戦国時代を通じてそれほど多くはない。

それなのに関ヶ原では、敵の主力の大将のほとんどが討ち取られたり、捕縛されたりしたのだ。

これら２つの大きな特徴は「戦国時代の謎」ともされてきた。

しかし、これは謎でも何でもない。本章では、その経緯を説明していきたい。

●家康が抱えていた「江戸問題」とは何か？

「関ヶ原の戦い」は、そもそも豊臣家の内部分裂から生じたものだが、最終的に戦争を仕掛けたのは家康である。

三成らを中心に「反家康同盟」がつくられていることを知りつつ、家康はわざわざ東北に上杉征伐（会津征伐）に向かい、京・大坂をがら空きにしてしまった。三成に「挙兵せよ」と言っているようなものである。

この家康の行動は、若干、奇異にも映る。

秀吉が死んだとはいえ、豊臣政権は崩壊したわけではないのだ。家康以外の家老、奉行たちは、豊臣家に忠誠心を持っており、政権としてそれほど弱体化したわけではない。家康としては、豊臣家の亀裂をさらに進行させ、もっと政権を弱体化させてから、戦いを挑んでもよかったはずである。

それなのに、なぜ家康は、秀吉の死去からたった2年後に「関ヶ原の戦い」を起こしたのか？

その背景には、**家康の逼迫した経済事情が関係している**のである。

これまで述べてきたように、関ヶ原直前の家康は、領地の広さや動員できる兵員という面から見れば、圧倒的な有利さを持っていた。軍勢の大きさから言うならば、ほかの大名たちはおろか、豊臣家でも家康には及ばなかったのである。

しかも秀吉亡き後は、戦国時代の猛者たちも、ほとんど姿を消していた。謙信や信玄、毛利元就《もとなり》などもすでにいない。

家康に及ぶほどの戦上手は皆無になっていたと言える。

では、家康が軍事面において絶対的に強かったのかというと、じつはそうではない。

当時の家康には、かなり致命的な弱みがあったのだ。

その弱みとは「領地が僻地だった」という点である。

前述したように、家康が転封された関東というのは、当時の日本では僻地と言える地域だった。

当時は、弾薬の原料となる硝石などが国産化されていなかったので、外国からの輸入に頼るしかなかった。その外国貿易の終着点が、堺港だったのである。

●日本最大の貿易港・堺を押さえていた三成

しかも、この堺を支配下に置いていたのが三成であった。

堺は、外国交易の港というだけではなく、古くから金属産業が栄えたところで、古代から中世にかけて、我が国における鋳物《いもの》産業の中心地でもあった。

戦国時代になると、鉄砲の商品価値を目ざとく見つけた堺の商人が、鉄砲製造を始めていた。

その重要な地を、家康の宿敵である三成が押さえていたのだ。

三成は堺奉行を務めたこともあり、三成の兄・正澄《まさずみ》も、関ヶ原直前まで堺奉行を務めており、堺商人の顔役的な存在だった。

つまり堺は、石田一族によって管理されていたのだ。当然、南蛮船などが運んでくる荷物については、チェックを怠らなかったはずである。

とくに武器や軍需物資については、東国や徳川家などに行かないように目を光らせていたはずだ。

●鉄砲生産地の近江も三成の支配下にあった

近江も、また軍需物資を調達する上で、重要な地域だった。

じつは近江には、国友《くにとも》村という重要な兵器工場地域があった。

この国友村は、戦国時代では堺と並んで、鉄砲の一大産地だったところである。

国友村は、古代より朝鮮から帰化した鍛冶職人などが住み着いたところで、いわば当時の日本における先進工業地域だった。戦国時代、ここに鉄砲が伝わり、それはすぐさま製品化された。

そのため、戦国時代の後半では、国友村は鉄砲の一大製造地となった。堺が鉄砲の産地だったことは前項で述べたが、国友村は堺よりもさらに進んだ鉄砲製造地域だったのである。

信長が近江を支配下に置くようになってからは、当然、さまざまな優遇措置を講じ、鉄砲生産業者たちを抱え込んだ。それは、秀吉にも受け継がれた。その秀吉が晩年、この地域を託したのが三成なのである。

前述したように、三成は近江出身である。しかも「関ヶ原の戦い」時点では、北近江の領主で、国友村も三成の支配下にあった。三成にここを託したということは、秀吉の著しい三成への信頼があったと言える。もちろん三成は、その期待にたがわなかった。三成は、優れた鉄砲鍛冶には知行を与えて抱え込み、新しい鉄砲の開発などに勤しませた。**関ヶ原で使用された三成の鉄砲は、すべて国友村製なのである。**

また家康は、関ヶ原の5か月前から、家臣の彦坂光正《ひこさかみつまさ》、成瀬正成《なるせまさなり》らを、秘かに国友村に遣わして、大砲15門のほか多数の鉄砲、弾丸を発注していた。三成はそれに気づき、製造を中止させたと見られている。

これらのことから考えても、家康は武器や軍需物資の調達には、非常に不利だったことは間違いない。

●まずは小早川秀秋を使って博多を押さえる

このように、流通の重要拠点を押さえていた三成だが、この少し前まではもっと凄かった。前述したように、秀吉の生前、豊臣の直轄領だった筑前・筑後の代官だったのだ。

筑前には、博多という日本有数の国際貿易港がある。戦国時代、博多は堺に次ぐ国際貿易港だった。しかも、博多は、堺よりも中国大陸や東南アジアに近い。南蛮船も、中国交易船も、堺の前に、まず博多に立ち寄ることが多かった。

つまり、**博多と堺を押さえれば、当時の国際貿易はほぼ押さえられるという状況だったのである。**

三成は、その博多と堺を押さえていたのだ。南蛮船や中国交易船から運ばれてくる貴重な武器や軍需物資は、すべて三成の管理下にあったも同然なのである。

当然「家康にたどりつく物資はほとんどない」という状況になっていた。

家康としては、この状況をどうしても打破しなくてはならなかった。そのため小早川秀秋に筑前・筑後を返還し、三成から博多を取り上げたものと考えられる。

つまり家康は、筑前・筑後を秀秋に返還させることで、豊臣家の直轄領を削るとともに「自分に対する経済封鎖を緩めよう」という目的があったのだ。

もちろん、博多を取り上げただけでは、三成から経済封鎖を受けているという状況はそれほど大きく変わるものではなかった。

そのため、将来のことを思えば、家康はどうしても三成を叩く必要があったのだ。

●関ヶ原の「4つの謎」を経済面から解く

関ヶ原には、謎がいくつかある。

「なぜ家康は、わざわざ京・大坂を空けたのか？」
「なぜ家康は、三成の挙兵の後、江戸でグズグズしていたのか？」
「なぜ家康は、不利な陣形で戦いを始めたのか？」
「なぜ関ヶ原は、数時間で終わってしまったのか？」

これらは、日本史の大きな謎とされてきた。

が、家康の経済面を分析すると、これは決して謎ではないことがわかってくる。

「関ヶ原の戦い」というのは、家康にとっては「強みを最大限に生かし、弱みを最小限にとどめた」というものである。家康の強みは、大阪図を生かした兵の動員力である。

家康の兵動員力は10万を超え、ほかの大名を圧倒するものだった。

前述してきたように、豊臣家は直轄領が分散しており、兵の動員力から見れば家康の敵ではない。

しかも秀吉の死後、家康は、豊臣家の経済力を削減し、兵力も削いできた。

が、秀吉恩顧の大名たちが結束すれば、豊臣家の兵力は家康をはるかに凌駕する。

だから家康は、恩顧大名たちが結束しないように、ありとあらゆる手を尽くしてきた。

朝鮮出兵で疲弊した加藤清正などの恩顧大名たちに対し、三成を敵視させることで深刻な亀裂を生じせしめたのである。

これにより、恩顧大名たちが、結束して家康に対峙するという構図は消滅した。

しかし家康には、まだ「軍需物資の不足」という重大な不安要素があった。

兵装備が劣り、軍需物資に不安がある家康にとって、もっとも都合のいい戦いとは「野戦で一気に衝突すること」である。

攻城戦となると、兵装備や軍需物資が大きくものを言う。しかし、野戦ならば数が多いほうが有利である。そのため家康は「野戦で一気に決着をつける」という一点に絞って、行動していたものと思われる。
関ヶ原における家康の行動の謎は、この観点から見れば解けていくのである。

●①なぜ家康は京都を放棄したのか？

「関ヶ原の謎」の最たるものは、なぜ家康は大坂を留守にして会津征伐にいったのか、というものである。関ヶ原は、ざっくり言うと次のような順序で進む。

・慶長4（1599）年閏3月、細川忠興、福島正則ら7人の武断派が、石田三成を襲撃し、三成を佐和山城へ隠居に追い込む。
・慶長5（1600）年6月、上杉景勝が上洛しないのを口実にし、家康は豊臣秀頼の名のもと、各大名に上杉征伐の号令をかける。家康自らが会津に向けて出陣する。
・慶長5（1600）年7月、家康が大坂から離れた隙をついて三成が挙兵。三成はほかの奉行たちにも働きかけ、家康の討伐を宣言する。
・慶長5（1600）年9月、家康軍（東軍）と三成軍（西軍）が関ヶ原にて激突。

この関ヶ原の経緯を見たとき、家康の行動は謎だらけだと言える。

まず、なぜ上杉征伐に自ら出陣したのか？

当時、政治の中心は、京・大坂だった。家康が関西を離れることは、非常に危険なことだったのである。せっかく三成を追い出し、豊臣政権の中枢に居座ることができたにもかかわらず、家康はその座を投げ出すようなことをしているのだ。

上杉景勝を征伐するにしても、わざわざ家康自ら行かなくてもよかったはずである。江戸には、徳川家の本隊がいるのだ。江戸にいた息子の秀忠に、徳川本体を率いて征伐に行かせれば、それで済んだ。家康が大坂から出発する必要はなかったはずだ。

それは、まるで三成に挙兵をさせようとしているように見える。

わざと隙をつくって、三成に挙兵のチャンスを与えたかのようだ。

もし、家康がわざと三成に挙兵させたとして、家康に何のメリットがあったのか？

当時、三成は中央政権から退けられ、近江の佐和山城に引っ込んでいた。そのままにしておけば、三成の中央政権への影響力は激減していくはずだった。

普通に考えれば、家康は京・大坂で豊臣政権の中枢に居座り続けたほうが得であり、安全だったはずだ。放っておいても、家康の影響力は増していくし、そのうち豊臣政権の実権を握れる可能性が高かった。

にもかかわらず、なぜ家康は危険な賭けをするような真似をしたのか？

●わざと隙をつくって三成を合戦に誘い出した

この疑問も「家康の経済的弱み」という観点から見れば解けてくるのだ。

前述したように、家康は三成から「経済封鎖」をされている状況にあった。

三成は、中央政権から退けられたとはいえ、まだ堺と琵琶湖を実質的に支配下に置いていた。**この状態が続けば、徳川家は軍備において大きく引けを取ることになる。**

豊臣家や三成は、最新の兵器、潤沢な軍需物資を得ている。しかし、徳川家にはそれが入ってこない。

その差は、時の経過とともに大きくなる。秀頼が成人するころには、その差は非常に大きく開いていることだろう。やがて秀頼が政権を担うようになり、最新の武器と潤沢な軍需物資を手にして、徳川家に圧力を加えるようになれば……。

天下を狙う家康としては、今のうちに何とかしておかなければならなかった。

少なくとも、三成はなるべく早く完全につぶしておかなければならない。

しかし、家康が京・大坂に居座っているうちは、三成は絶対に家康に手出しはできないだろう。また三成は、中央政権を退き、謹慎している最中なので、家康のほうから叩きにいくわけにもいかない（大義名分がない）。そのため、わざと隙をつくり、三成が挙兵しやすい状況にしたのではないか、ということである。

家康は、会津征伐に赴く直前に伏見城を訪れている。

当時、伏見城は家康の支配下にあり、家康は家臣の鳥居元忠《とりいもとただ》を城代にしていた。このとき家康は当然、三成の挙兵を予想していたと思われる。大坂にほど近い伏見城は、最初に三成軍の餌食《えじき》になるはずだった。家康にとって、伏見城はいわば捨て石だった。

家康は、その伏見城の城代・元忠に対し、心苦しく思ったので、会津征伐に行く前に、伏見城に寄ったのだろう。その際、**家康は「鉄砲の弾がなくなれば、城に備蓄している金銀を詰めて撃ってもよい」と述べた**という（『慶長年中卜斎記』）。

これは、家康の家臣を思いやる気持ちと、戦いへの覚悟を示したエピソードとして語り継がれている。

が、このエピソードには、大きな疑問が生じないだろうか？

我々の感覚から見れば、弾の代わりに金銀を詰めるくらいならば、その金銀で鉄砲の弾薬を購入したほうがよさそうなものである。だから**普通であれば、家康の命令は「城の中の金銀をすべて使って、弾薬を購入しろ」となるはず**だ。

しかし当時は、金銀をもってしても、そう簡単に弾薬は手に入らなかったのだと思われる。三成の経済封鎖がかなり効いていたのではないか、ということだ。つまり、このエピソードは、徳川家の軍需物資が決して潤沢ではなかったことを物語っているのだ。

●②なぜ家康は1か月も江戸から動かなかったか？

家康の動きについては、合戦の直前、さらに不可解な点がある。

まず「関ヶ原の戦い」では、家康は戦場に到着するまでに、異常に時間がかかっている。家康が上杉征伐に向かい、それを見て三成が挙兵したのは7月10日ごろである。

それを受けて家康は、上杉征伐に従軍している諸将たちを集め、三成の挙兵を説明し、各人の身の振り方を聞いた。いわゆる「小山評定《おやまひょうじょう》」で、７月25日のことである。これにより、全国の大名たちが、三成の西軍、家康の東軍に分かれて争うことになった。

家康以外、東西両軍の主な大名たちは７月の時点で出撃し、すでに一部は交戦も開始していた。

しかし、なぜか家康は「小山評定」の後、江戸に戻ったまましばらく動かなかった。ようやく家康が江戸を出発したのは、９月１日になってからだった。つまり家康は、東西の両陣営が戦闘状態に入ってから、１か月以上も江戸を動かなかったのだ。

戦の常道から言えば、より早く出陣したほうが有利である。

相手の態勢が整わないうちに、なるべく多くの敵方の支城を落として、なるべく敵方の本拠地に近いところに迫るというのが、ごくごく常識的な戦法である。

しかし家康は、両軍が進軍を開始し、敵方が自陣営の城を落として、自陣営が敵方の城を落とし始めても、なかなか重い腰を上げなかった。

このとき家康は、全国の大名に対し、家康陣営に加わるようにという手紙を多数書いている。この「手紙作戦」のため、家康は江戸を離れなかったという解釈をされることもある。が、それでは謎が解けたことにはならない。手紙は陣中でも書けるからだ。

実際、三成は、陣中で手紙を書いているし、家康も、出陣以降にも「手紙作戦」を継続しておこなっていた。なぜ家康は、これほど江戸でグズグズしていたのか？

この不可解な行動も、家康の物資不足という条件を加味した場合、謎が解けてくる。**物資不足の家康にとって、いちばん困るのは長期戦になってしまうことだ。長期戦になるのは、敵が籠城したり、陣地をつくって閉じこもったりしたときである。**

このとき、家康がもっとも恐れたのは、三成ら敵の主力が大坂城に籠城してしまうことだったと思われる。三成の軍は、かなり装備が充実していた。

●最新の兵器を装備していた三成との火力の差

三成領内の国友村では、当時の最新兵器だった大砲も製造していた。おそらく三成は当時、大名の中では非常に大砲の保有数が多かったものと思われる。

また、弾薬をはじめ、そのほかの軍需物資も充実していたはずだ。堺と琵琶湖を支配下に置いていたのだから、商業の要を押さえていたことになる。**三成は、日本でもっとも軍需物資を調達しやすい境遇にいた大名だと言えるのだ。**

しかも三成は、長いあいだ豊臣家の広大な直轄領や重要な港の管理をしており、相当の財力もあった。その財力をすべて傾けて、武器など軍需物資の購入にあてていた。

家康の医師だった板坂卜斎《いたさかぼくさい》によると、関ヶ原の直後、三成の佐和山城が落城したとき、蔵の中には金銀財宝の類はほとんどなかったという（『慶長年中卜斎記』）。

これは、三成の清廉《せいれん》さを表すとともに、持っている金銀すべてを、軍需物資の購入に充てることができたということも示している。

装備が充実していた三成が城に籠ってしまえば、家康軍はそうそう手を出せない。攻城戦のためには、鉄砲や大砲などが欠かせず、もちろん莫大な量の弾薬が必要になる。逆に、城側が鉄砲、大砲を潤沢に持っていれば、攻め手は甚大な被害を被ってしまう。

また、城攻めには時間がかかるし、将兵の損害も大きい。もし城攻めで時間がかかっているうちに、全国で争乱が再開すれば、また戦国の世に戻ってしまう。

実際に、九州などでは、東軍側、西軍側に分かれた大名たちによる局地的な戦闘が勃発していた。

「関ヶ原の戦い」は、わずか半日で明確な勝敗がつき、敗北側の大将たちが軒並み討ち取られたり、捕縛されたりする「これ以上ない」というほどの明確な敗北を喫した。

そのため、各地でおこなわれていた東側、西側の大名同士の争いも急速に収束した。西側の大名たちからすれば「これ以上、戦っても意味がない。抵抗を続けたら、いずれ大軍が押し寄せてくる。だったら、早く降伏してしまおう」ということである。

が、もし攻城戦をしていれば、こうはなっていなかったはずだ。しかも大坂城は、難攻不落を謳《うた》われた強大な城である。三成らの西軍主力が大坂城に籠城してしまえば、当時の家康では到底、落とすことはできなかったはずだ。

実際、関ヶ原から15年後の「大坂の陣」では、家康は征夷大将軍《せいいたいしょうぐん》という立場で、入念な準備をし、大軍勢を率いて大坂城を攻撃した。にもかかわらず、兵力のみでは落とせなかった。**関ヶ原当時ならば、家康は大坂城にはまったく歯が立たなかっただろう。**

だから家康としては、籠城させずに野戦に持ち込まなければならなかった。敵の主力が大坂城に戻れないくらいの場所におびき出す必要があったのだ。

●③なぜ家康は不利な陣形のまま決戦に挑んだのか？

「関ヶ原の戦い」の大きな謎としては「家康軍（東軍）が非常に不利な陣形で戦いが始まった」というものもあげられる。関ヶ原の布陣図を見ると、我々のような素人が見ても、西軍が有利だと思われる。**丘陵地の高い部分は、ほとんど西軍が陣取っていて、東軍はその丘陵地に囲まれた低地の部分にいるのだ。**

東軍はまさしく「袋のネズミ」という状態だった。後年、明治陸軍を指導したドイツ陸軍の参謀メッケルは、関ヶ原の布陣を見て「これは西軍の勝ちだ」と述べたという。

歴戦の猛者である家康が、そういう不利な状況を知らないはずがない。「小牧・長久手の戦い」では盤石の陣地を築き、秀吉の大軍を寄せつけなかった家康である。不利な態勢で合戦を始めることが、いかに危険なことであるか、十二分に知っているはずだ。

にもかかわらず、家康は「絶対に負ける」というような不利な陣形で戦いを始めてしまった。それはなぜかというと、前項でも触れたように、**家康にとってもっとも困るのは、西軍（三成軍）が大坂城に籠ることだったから**である。

西軍を野戦に誘い出すためには、西軍に有利な態勢を取らせなければならない。西軍にとって有利な陣形でなければ、西軍は合戦に乗ってこない可能性があるからだ。

もし、西軍が不利な陣形になれば、城に引き返す恐れがある。城に引き返されたくない家康としては、あえて自軍に不利な陣取りを選択したのではないかということだ。

もちろん、家康としては、非常に危険な賭けでもあったはずである。敵が有利な陣形を生かし、裏切り者を出さずに一致協力して攻撃してくれれば、崩壊する危険もあったからだ。

が、家康としては「野戦となればなんとかなる」という自信があったのだろう。なにしろ、家康は歴戦の名将だ。あの「小牧・長久手の戦い」では、秀吉さえも一敗地にまみれさせている。西軍が決して一枚岩ではないということも、見越していたはずだ。

●西軍を野戦に引きずり出すための陽動作戦だった

「関ヶ原の戦い」では、よく知られているように、西軍の小早川秀秋が裏切ったことで西軍が総崩れになった。

秀秋の裏切りの直前に、家康軍は山上に陣取っていた小早川軍に火縄銃を撃ちかけている。この家康軍の行為は、秀秋に裏切りを促し「裏切らないのであれば攻撃するぞ」と脅しをかけたものだと、解釈されてきた。

が、家康が秀秋に鉄砲を撃ちかけたのは、秀秋に対する合図ではないか、という説もある。田安徳川家の11代当主である徳川宗英氏なども、その説を取っておられる（徳川宗英『家康の仕事術』文藝春秋）。


筆者も、それが妥当だと思っている。

火縄銃というのは、平地から山上に撃っても攻撃にはならない。

また秀秋は、戦闘経験が少なく、いつ裏切ればいいのかタイミングがわからなかったはずだ。もし最初から裏切れば、西軍から袋叩きにされてしまう。

だから、秀秋軍があまりダメージを受けないように、かつ東軍にとって効果的になるように、家康が「裏切るタイミングを指示する」という約束があったのではないか。

それが「絶好のタイミングで秀秋が裏切る」という状況につながったのだと思われる。

これまで述べてきたように、経済視点から見た場合、秀秋が家康に恩義を感じているのは間違いないことである。その一方で、三成を中心とした豊臣政権がつくられれば、秀秋は今まで以上に不遇になるのは確実だった。

秀秋にとって、どちらについたほうがいいかは自明の理でもあった。

人間観察に優れた家康は「小早川秀秋が裏切るのは当然」と思っていたはずだ。

●④なぜ関ヶ原は数時間で終わったのか？

「関ヶ原の戦い」は、非常に短い時間で終わっている。

その戦闘時間は諸説あるが、数時間から長くても14～15時間とされている。いずれにしろ、日をまたいでいないことは間違いない。これも、戦国時代の謎とされてきた。

しかし「家康の物資不足」という観点から見れば、この謎も解けるのである。

家康は、とにかく戦闘が長引くのは避けたかったはずである。

弾薬などの軍需物資が決して十分ではなく、装備に劣る家康軍は、長期戦に陥るのは絶対に避けなくてはならない。ましてや、敵が城に逃げ込み攻城戦になってしまうのは、もってのほかだった。野戦で一気に決着をつけなくてはならない。

そのためには、普通のやり方では無理である。だから、あえて低地に陣取ったのだ。三成軍（西軍）を高地に上らせておけば、彼らが劣勢になっても容易に逃げることはできない。

たしかに、三成軍（西軍）から見れば、丘陵地など高地に陣を構えたほうが戦闘の上では有利である。が、高地に上ってしまえば、簡単に逃げることができない。逃げるためには降らなければならず、ふもとには敵（東軍）が待ち構えているのだ。

じつは、関ヶ原地域の丘陵地は、背後は山岳地帯になっており、山側から逃げ延びることは難しかった。個々に敗残兵として逃げることはできても、軍勢として逃げることはできない。

敗残兵として個々に逃げることは、現地の農民から「落ち武者狩り」に遭うこともあり、非常に危険だった。だから、関ヶ原で一旦、高地に陣取ってしまうと、戦闘自体は有利だが、劣勢になったときには逃げるのが非常に難しかったのだ。

三成軍（西軍）としては、当初は「戦いに有利」ということで安易に高地に陣を構えた。

しかし、いざ軍勢が崩れ始めて気づいたはずである。

「これは逃げ道がない」と。

だから三成軍（西軍）は総崩れになると、逃げるところを敵にバッサバッサとやられてしまうことになった。彼らは「城に落ち延びて籠城し、再起を図る」ということができなかった。というより、家康がそうさせないように仕向けたのである。

家康のほうは、もし劣勢になって総崩れになったような場合でも、逃げることができる。**だから最悪の場合、江戸に帰って再起を図るということもできた。**家康には、そういう計算があったはずだ。

結果「関ヶ原の戦い」は、家康の想定どおりに進んだ。

そして、家康は莫大な富と揺るぎない名声を手に入れたのである。

第5章

内政も外交も！死ぬ前にやるべきことはすべてやる

●「やるべきことは迅速に」やっていた家康

何度か触れたが、家康が優れていたのは「待つ能力」ばかりではない。

「やるべきことは迅速にやる」
「機会は絶対に逃さない」

家康は、これらの点でも非常に長けていた。というより、ここが家康の真骨頂だと言える。この真骨頂は「関ヶ原の戦い」の後で顕著に見られる。

関ヶ原の後、まず家康がおこなったことは「諸大名への統制」である。
具体的に言えば、諸大名に人質を出させ、定期的に家康の元に参らせる「参勤交代」の制度を整えたのである。

恭順の意を示すために、人質を差し出すということは、戦国時代を通じておこなわれていた。

また、天下人が諸大名から人質を取り、諸大名を定期的に参らせるという制度は、秀吉が始めたものである。

秀吉は天下を獲った後、各大名に大坂、京都、伏見に邸宅を与えて人質として妻子を置かせ、定期的に参勤させた。家康も天正14（1586）年以降、ほぼ毎年、秀吉に参勤している。家康は、これを明確に制度化したのである。

関ヶ原以前から、すでに家康のもとに人質を差し出す大名はいた。

秀吉の死後、家康の権威が高まり、家康の嫌疑を受けないように、各大名が自発的に人質を江戸に送るようになったのだ。

慶長4（1599）年には、前田利長《まえだとしなが》が実母の芳春院を、浅野長政は末子の長重を、慶長5（1600）年には細川忠興が、三男の忠利を人質に差し出している。

関ヶ原の後は、さらにこれが本格化されたのである。慶長6（1601）年には、伊達《だて》政宗《まさむね》に江戸屋敷が下賜され、その後、有力大名に次々に江戸屋敷が下賜された。

慶長8（1603）年、家康の将軍就任が確実になると、大名の江戸参勤が本格化する。黒田長政、蜂須賀至鎮《はちすかよししげ》、加藤清正なども参勤するようになる。

やがて、すべての外様大名に、参勤交代が義務づけられるようになった。

●3年のタイムラグは上杉と島津への対応

その一方で、家康はすぐに「正式な天下人になる」ことはしなかった。「関ヶ原の戦い」が終わってから、家康が征夷大将軍に就任するまで、3年のタイムラグがある。関ヶ原で天下の趨勢は定まったのだから、すぐに征夷大将軍になってもよさそうなものである。

しかし、家康はこの点、慎重だった。まだ「天下平定」を宣言するには、若干の問題が残っていたのだ。それは、上杉家と島津《しまづ》家のことである。

関ヶ原以降、西軍に属していた大名たちは、続々と家康に降った。しかし、越後《えちご》（新潟県）の上杉家と、薩摩《さつま》（鹿児島県）の島津家だけは、なかなか家康に臣従しなかった。

この2家は、大名の中でも強い勢力を保持しており「彼らを臣従させないうちは、まだ天下は安泰だといえない」と家康は考えたのだ。

家康は、彼らに恫喝《どうかつ》と説得を織り交ぜて、粘り強く交渉した。

慶長6（1601）年に上杉景勝が上洛して家康に臣従した。このとき上杉家は、越後から米沢に転封がされている。さらに慶長7（1602）年、島津家久《いえひさ》が上洛し、臣従した。ここで、ようやく家康は、征夷大将軍に就任したのである。

ちなみに島津家は、転封も減石もされていない。島津家は「関ヶ原の戦い」では、西軍として関ヶ原の戦場に参加していたが、戦闘行為はほとんどおこなっていなかった。島津家は、関ヶ原の後も薩摩に籠り、家康の出方次第では一戦も辞さずという構えを取り続けた。**家康としても、ようやく天下が平定しかけたときに、最南端の地まで征伐軍を繰り出すのは気が引けたのだろう。**

島津は九州一の軍事力を持っており、やすやすと制圧できるものではない。もし戦闘が長引けば、秀吉の「朝鮮征伐」の二の舞になりかねない。

そのため、西軍側の大名としては異例の「所領安堵」ということになったのだ。

●家康と信長の「人事戦略」の大きな違い

家康が莫大な資産を蓄積し、江戸時代260余年の平和を築けたのは、その巧みな人事戦略も大きな要因である。

前述したように、家康は門閥《もんばつ》などにこだわらず有能な人材を大抜擢してきた。が、家康は家臣に対して、極力、所領を与えなかった。**たとえば、本多正信は徳川家の重臣であり、家康の側近中の側近だったが、終生1万石しか与えられなかった。**これは「大きな謎」として、司馬遼太郎は小説のテーマにしたほどである。

しかし、家康の人事政策を総体的に見ていくと、これはあまり大きな謎ではない。家康は「裏切り者でも帰参すれば許し、能力があれば重用はする」という方針を採っていたことは前述した。

が、この人事方針には、もう1つ重要な項目がある。

「帰参者や新参者は、重用しても広い領地は与えない」ということである。

家康は、裏切り者だけではなく「途中入社組」にも、重用はするが領地は与えないという方針を適用した。ここが、信長と大きく違うところである。

信長は、家督相続時に裏切り行為をおこなった柴田勝家を重臣にし、広大な領地を与えているし、途中入社組だった明智光秀に対して、家臣の中で最初に城を与えるなど大抜擢をしている。重用もするし、領地もしっかり与えているのだ。が、それが結果的に、信長の命を縮めることになったわけだ。

この当時、領地を与えるということは、兵を与えるということでもあった。領地には必ず兵が付随してくる。領地をもらった武将は、その領地に見合うだけの兵を養う義務があったからだ。逆に言えば、家臣に「叛乱《はんらん》する武力」を与えるということでもある。

だから、**家臣に領地を与える場合、褒賞としての意味合いだけではなく、その家臣の信頼性や野心など、さまざまな面を検討しなければならない**のである。

信長も、もちろんそういう検討はおこなっただろう。しかし信長の場合、褒賞としての意味合いを重視し、そのほかの面をおろそかにしてきたきらいがある。

もし光秀に、あれほど領地、大軍を任せていなければ「本能寺の変」は起きていないだろう。信長は「つき合いの浅い社員を信用しすぎた」とも言える。

●重用されても高給とは限らない家康流人事

一方、家康は、どの社員も能力のある者は重用するが、広い領地は古株で信用できる社員にしか与えないという方針を貫いた。これは、家康が独自に考案した人事政策だったかもしれないし、信長の失敗を見て導き出したものかもしれない。

いずれにしろ、家康は「本能寺の変」が起きないような人事をおこなっていたということである。**そもそも家康は、家臣に与えてきた所領が驚くほど少ない**。「関ヶ原の戦い」までは、家康の家臣の中で、10万石以上を与えられた家臣はたった3人だった。その3人とは、井伊直正《いいなおまさ》、榊原康政《さかきばらやすまさ》、本多忠勝《ほんだただかつ》である。家康の懐刀と呼ばれた本多正信には、関ヶ原以前には１万石しか与えていなかった（関ヶ原後に2万２０００石になる）。

関ヶ原の後でさえ、徳川の家臣たちは決して多くを与えられなかった。

家康は関ヶ原の後、直轄領だけで４００万石の大版図を手にするが、譜代大名の筆頭である井伊家に与えられた所領は、わずか30万石である。

単純な比較は難しいが、元の同僚だった利家に１００万石近くを与え、子飼いの家臣たち、清正、政則、三成に、次々と20万石前後の領地を与えた秀吉とは真逆とも言える。

これは、家康の性格によるものもあるだろうが、家康の強みでもあった。

秀吉は、裸一貫で成り上がった武将なので、家臣は皆、自分の代につき従ったものばかりである。また、元同僚が家臣になったケースも多々ある。そのため、家臣に多くの所領を与えないと、自分についてきてくれなかったのである。

一方、家康は、自分の周囲は、代々の家臣できっちり固めていた。彼らは、それほど大きな褒賞を与えられなくても、家康から離れることはない。**今川、織田に挟まれて瀕死だった松平家を知っている家臣たちは、わずかでも所領が増えれば、それで御の字だったのである。**

また家康は、前述したように、無理に版図を広げず、敵が弱まったとき一気に侵攻をかけた。そのため、家臣に対する褒賞や、敵から寝返った武将への代償なども、それほど多くなくて済んだのである。

●朝廷を完全に監視下に置いた「公家諸法度」

家康は、朝廷も完全に支配下に置いた。武家政権にとって、朝廷というのは厄介な存在だった。**そもそも、武家政権というのは、当初は朝廷の軍事官職に過ぎなかった征夷大将軍が、なし崩し的に権力を拡大して、政治を司るようになったものである。**

朝廷は鎌倉時代以来、何度も復権を試みてきた。南北朝時代など、一時的にではあるが、朝廷が政権を奪還した時代もあった。室町時代に、足利政権の政治・財政基盤が弱かったのも、朝廷から何度も揺さぶりをかけられていたことが大きな要因である。

また、戦国時代に入っても、信長と石山本願寺《いしやまほんがんじ》の戦いが、正親町《おおぎまち》天皇の勅令によって和議されるなど、政治的影響力を持ち続けていた。**武家政権にとって、朝廷や天皇とどう関わるか**（どう制御するか）**が、重要な課題でもあった。**

家康はこの課題にも早々に対応している。

関ヶ原の直後、慶長5（1600）年に、家康は、公家、門跡領の「差し出し」を提出させた。この「差し出し」というのは、領地の管理帳ともいうべきもので、どこにどれだけの領地があるということを記したものである。つまり、まず朝廷や公家が、現在どれだけの領地を保有しているかチェックしたのだ。

さらに翌年、朝廷、公家の領地を整理し、加増した上で領地のすべてを山城国に集約させた。朝廷領は1万石程度であり、公家領は5万石程度だった。家康は、朝廷や公家の収入の面倒を見る代わりに、彼らの政治参加を禁止したということである。

また、ほかの武家が、天皇や公家に私的に接することも禁じた。

慶長20（1615）年には、家康は「公家諸法度《くげしょはっと》」を発布し、天皇や公家の在り方を規定した。この公家諸法度では、第一条に「天皇は学問に専念すべし」と謳ってある。

これにより、家康は天皇や朝廷の政治的影響力を、完全に排除したのである。

●家康が豊臣秀頼を滅ぼした経済的理由

「やるべきことは迅速にやる家康」の、その最たるものは「大坂の陣」だと言える。

ご存じのように、家康は最晩年、豊臣家に無理やり戦いを挑み滅ぼしてしまった。

豊臣家が再建した方広寺《ほうこうじ》の鐘《かね》に「国家安康《こっかあんこう》」の銘文があったため「家康という字を引き裂いているものであり、家康に叛意《はんい》がある」という疑いをかけて、大坂に攻め入った。

方広寺は京都にあり、そもそもは秀吉が大仏をつくるために建立した寺である。秀吉は、戦国時代に焼失した東大寺の大仏に代わるものをつくろうとしたのだ。

が、方広寺の大仏は、文禄5（1596）年に起きた伏見の大地震で倒壊し、秀吉の死によってそのままになっていた。

それを家康が「秀吉公の遺志を遂げてはどうか」と、秀頼にけしかけて大仏を再建させ、寺を整備させたのである。**家康としては、大仏をつくらせることで、豊臣家の財政力を削ぐ狙いがあったと見られる。**豊臣家としても「関ヶ原の戦い」で天下を手中にした家康の提言を、突っぱねることはできなかったのだ。

家康は、大仏をつくらせた後、方広寺の鐘に難癖をつけて「大阪の陣」開戦まで持っていったことで、そのあまりの強引さと狡猾《こうかつ》さにより、後年の印象を悪くしている。**家康が「たぬきオヤジ」などと呼ばれるのも、このイメージからくるものが大きいはずだ。**

関ヶ原の後、豊臣家はその勢力を大きく減じていた。秀頼は「関ヶ原の戦い」に参戦していないにもかかわらず、敗戦側と同様の扱いを受けたのだ。２００万石以上あった領地は、65万石程度まで削られたのである。大名の規模として、徳川幕府勢力の10分の１以下となり、もはや徳川家の脅威とは言えないものだった。

また、豊臣恩顧の大名たちも、家康に遠慮して豊臣家と距離を置くようになっていた。豊臣家が徳川幕府に挑戦してくるようなことは、もはやあり得ない状況となっていた。

なのに、なぜ家康は執拗に豊臣家に難癖をつけ、滅ぼしてしまったのか？

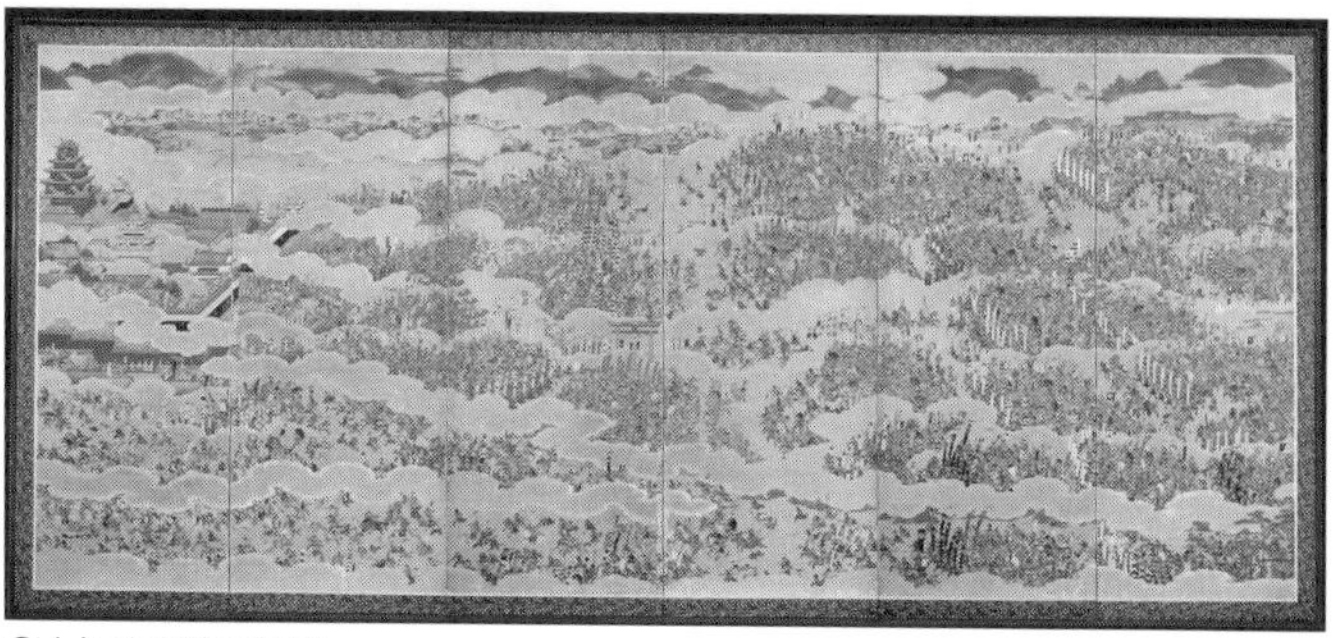

●大坂夏の陣図屏風

その背景には、大きな経済問題があった。関ヶ原の当時にもあった「江戸の僻地問題」が、じつはまだ解決されていなかったのである。

豊臣家が領有する大坂という地は、江戸時代初期、日本最大の商都だった。

というより、江戸時代初期だけではなく、20世紀の半ばまで、大坂は日本最大の商業都市であり続けた。関東が近畿を抜いて、日本最大の商工業地域になったのは、第2次大戦後のことである。ましてや、戦国時代や江戸時代においては、さらに大坂の存在感は大きかった。江戸などは、大坂に比べればまだまだ僻地だったのである。

江戸時代を通じて、江戸は商工業品の多くを、大坂からの「輸入」に頼っていた。

大坂の目と鼻の先には、堺という重要な港がある。

この堺港は「関ヶ原の戦い」の後には、徳川家によって接収され、管理されていた。

しかし、もし徳川と豊臣の戦になれば、大坂にいる豊臣方は簡単に堺を占領できる。実際に「大坂冬の陣」の直前には、堺港は豊臣方から攻撃を受け、あっさり占領された。

大坂、堺を押さえるということは、軍需物資の大半を押さえるということでもある。

●豊臣家が滅びないという未来もあり得た？

しかも大坂には、秀吉が建てた難攻不落の大坂城がある。この大坂に秀頼が居座り続けているということは、家康にとっては目の上の巨大なたんこぶだった。

家康としては、最低でも秀頼には大坂から動いてもらわなければならなかった。

そこで家康は「大坂の陣」の前に、何度も豊臣家に大坂からの移転を打診した。**大和国（奈良県）か伊勢国（三重県北中部）に転封すれば戦争はしない、と交渉していたのである。**が、秀頼は、大坂から動くことは、頑として受けつけなかった。

それが「大阪の陣」勃発の大きな要因だと言える。

慶長19（1614）年に、豊臣と徳川の激突となる「大坂冬の陣」が始まった。

●大坂城炎上（1663年絵図）

家康の恐れていたとおり、大坂城は強大な威力を発揮した。

大将の秀頼は、戦闘経験もなく、兵の主力は浪人の寄せ集めであり、決して統率が取れているわけではなかった。また、兵数は10万人程度であり、徳川方はその倍の20万人を動員していた。

しかも徳川方は、金に任せて、最新の攻城兵器である大砲を大量投入していた。

にもかかわらず、大坂城は徳川方を寄せつけなかった。

が、豊臣方も、味方につく大名はおらず、このまま城に籠っていても、ジリ貧になるという不安を持っていた。そのため両者のあいだで「講和」が結ばれた。このときに講和の条件として、堀の埋め立てや二の丸、三の丸の破却が決められた。が、半年後には、講和が反故《ほご》にされ「大坂夏の陣」が始まった。さすがの大坂城も、堀をすべて埋められた状態では、防御のしようがなく落城。秀頼も自決した。

大坂城の落城により、家康は頭痛の種だった「豊臣家」を取り除くことができた上に、莫大な経済的恩恵を受けた。**豊臣家の遺領は、すべて徳川家の直轄領とされ、家康は日本最大の商都「大坂」を手に入れることになったのだ。**

こうして徳川幕府は、ほかを圧倒する強大な経済力を保持することになり、それが260余年に及ぶ長期政権の礎となったのだ。

そしてご存じのように、家康は「大坂夏の陣」の翌年、精も根も尽き果てたというように没している。

●衰退していた仏教勢力をさらに弱めた家康

家康は、天下人になってから、仏教勢力の力を削ぐための工作もおこなっている。

この工作が、結果的に「日本では宗教がそれほど大きな力を持たない」ということにつながった。

家康が天下人になったとき、寺社の勢力はかなり衰えていた。

比叡山延暦寺《ひえいざんえんりゃくじ》は信長に焼き討ちにされ、領土の多くを返還させられていた。また、秀吉には、何度も本拠地の移転を命じられ、勢力をかなり減じられていた。

そこに、さらに家康がダメ押しをするのである。家康は、本願寺を東西の2つに分派させてしまったのだ。その経緯は次のとおりである。

浄土真宗（本願寺）というのは、親鸞《しんらん》の血筋を引く者が宗主になるというしきたりがあった。浄土真宗では妻帯が許されていたので、僧も子孫を残すことができた。

宗主は、その地位を代々世襲にすることとなった。つまり、本願寺の莫大な資産も、貴族や武家と同じように、宗主家によって世襲されていったわけである。

しかし文禄元（１５９２）**年、第11代宗主の顕如《けんにょ》が死んだとき「お家騒動」が起きた。**

一旦は、顕如の嫡男・教如《きょうにょ》が第12代宗主に就くことになったのだが、この顕如と教如の父子は仲が悪かった。だから、教如の宗主就任を快く思わない者も多数いた。

その最たる者が、教如の母の如春である。如春は、「顕如は三男の准如《じゅんにょ》を後継に指名していた」と言い出したのだ。さらに、顕如が書いたとされる「譲渡状」を、時の権力者である秀吉に提出し、教如の本願寺宗主就任は無効であると訴えたのだ。

これにより本願寺は、教如派と准如派に分裂してしまった。

秀吉は、両者の代表を召喚して査問し、教如に対して「10年後に、准如に宗主を譲ること」という裁定を下した。しかし教如派の中には、納得しない者もあった。

これを見た秀吉は怒って、教如に対して「即座に宗主を譲れ」と命じた。教如は、宗主の座を追われることになったが、教如派は納得せず分裂状態が続くことになった。

そうこうしているうちに、秀吉が死去して「関ヶ原の戦い」が起こった。

隠居していた教如は、関ヶ原の直前に、江戸に家康を訪問し、家康への支持を表明していた。一方、本願寺宗主となった准如は、西軍に加担していたという噂もあり、関ヶ原後には難しい立場に立たされた。

関ヶ原後の家康には、自分に敵対した噂のある准如を廃し、自分を支持してくれた教如に宗主を継がせるという手もあったはずだが、そうはしなかった。

●本願寺を東西に分裂させた家康の策略

ここに、家康の高度な戦略眼がある。

家康は、分裂状態にあった本願寺を、そのまま分裂させてしまおうと考えたのだ。

教如に、本願寺の東側に寺社地を与えて、新しい寺社をつくらせると、その新しい寺社の宗主とさせたのである。このとき、つくられた寺社が東本願寺なのである。

もとの本願寺をつぶさなかったところに、家康の高度な政治手腕がうかがえる。

准如が宗主であろうと、教如が宗主であろうと、本願寺が強大な寺社グループであることには変わりない。**が、准如と教如の双方に宗主を名乗らせ、本願寺を2つに分ければ本願寺の勢力は半分になる。**

これまでの本願寺も、このときにつくられた寺社も「自分たちこそ正当な本願寺である」と主張し、両寺の正式名称は2つとも本願寺である。

しかし、それではわかりにくいので、世間では、もとからある本願寺を「西本願寺」と呼び、その東側に新しくつくられた寺社を「東本願寺」と呼ぶようになったのだ。

ここに、本願寺は東西に分裂したのである。もちろん、本願寺や仏教の勢力は著しく減退することになった。

●なぜ家康はキリスト教を完全に禁じたのか？

秀吉の後を継いだ家康は、当初キリスト教の布教に寛容だった。

家康は、征夷大将軍になったとき、イエズス会やキリスト教勢力と和解している。「秀吉が壊した外交関係は一旦、修復させてみる」というのが家康の方針だったようだ。

が、あるときを境に、キリスト教を全面的に禁止することになる。しかも、それは秀吉のときの「伴天連追放令《ばてれんついほうれい》」のように「自発的にキリスト教を信仰する分には構わない」というような緩いものではなく、**キリスト教を完全に禁教にしてしまう**のだ。

家康がキリスト教を禁止したのは、慶長14（1609）年に起きたポルトガルとのトラブルが契機になっていた。

日本の朱印船が、マカオでポルトガル船のマードレ・デ・デウス号とトラブルになり、乗組員60名が殺されてしまったのだ。

その報復として、日本側は長崎に入港していたデウス号を撃沈させた。

この一連の出来事では、幕府の役人と肥前日野江藩《ひのえ》（長崎県）主の有馬晴信《ありまはるのぶ》とのあいだの贈収賄《ぞうしゅうわい》事件なども絡み、江戸幕府草創期の大不祥事となった。この事件により、慶長17（1612）年に、家康は幕府直轄領に対して、キリシタンの禁制を発令した。

しかし、この事件は、単なるきっかけに過ぎず、**家康はキリスト教禁教の機会をうかがっていた**のである。


戦国時代当時、キリスト教は、我々が思っている以上に普及していた。

キリシタン大名の追放が始まった慶長19（1614）年の時点で、日本人の信徒の数は少なく見積もっても20万、多い場合は50万人ほどいたと見られている。

当時、日本の人口は1200万人程度だったとされているので、人口の2～4%がキリスト教徒だったことになる。長崎を中心に、博多、豊後（大分）、京都などに布教の拠点があり、ポルトガル人やスペイン人の宣教師や教会関係者は、国内に100人～200人程度いて、教会は200か所あった。

長崎などは、一時、イエズス会の領地のようになっていたこともあった。

このキリスト教の広がりは、じつは大きな利権が絡んでいた。

天下人や戦国武将たちにとって、ポルトガルやスペインとの交易は、大きな旨みをもたらしていた。が、それには必ずキリスト教の布教が付随していたのである。

15世紀から16世紀にかけ、ポルトガルとスペインは、世界各地への航路を開拓し、手広く貿易をおこなったが、この貿易には、キリスト教の布教がセットになっていた。

●世界を二分しようとしていたポルトガルとスペイン

ローマ教皇は、ポルトガルとスペインに対し、キリスト教を布教することと引き換えに、世界をポルトガルとスペインで二分する許可を与えた。

この命により、両国は世界中に植民地を持つ代償として、各地に宣教師を派遣し、教会を建設する義務を負ったのである。

ポルトガルとスペインの交易船は、宣教師も乗っており、新しく交易を始める土地では、必ず布教の許可を求めた。

布教を許可した土地のみと、交易を開始したのである。

●イエズス会の宣教師と日本人（1600年ごろ）

彼らが日本に来たときも、取引をおこなう条件として、キリスト教の布教許可を求めた。諸大名たちは、南蛮船と交易をするために、キリスト教の布教を認めた。

そのため、戦国時代にキリスト教が爆発的に広がるのである。

当時の南蛮貿易は、西洋の珍しい文物を運んでくるだけのものではなかった。

というのも、日本に来る南蛮船のほとんどは、マカオや中国の港で積んだ物資を持ってきていたからだ。

すでに鉄砲の製造は日本でもおこなわれていたが、鉄砲の弾丸に使われる鉛や、弾薬の原料となる硝石などは、当時の日本では生産できず、海外からの輸入に頼るしかなかった。南蛮貿易を介さなければ、鉄砲の弾薬や火薬の原料などは手に入らなかったのだ。**つまり、南蛮貿易の隆盛やキリスト教の普及というのは、諸大名の軍需物資輸入がいかに大きかったかを裏づけるものでもあったのだ。**

家康は、天下人になって以降、諸大名の軍事力を削減させようとしてきた。築城や城の改築などは原則禁止で、特別な理由があるときだけ幕府が許可した。また、慶長14(1609)年には、500石積以上の大船建造が禁止され、諸藩が所有している大船は没収された。このように、諸藩の軍事力を削減させようとしているなか、ポルトガルやスペインとの南蛮貿易は害が大きかった。

しかも、ポルトガルやスペインは、軍事的にも不穏な動きがあった。長崎はイエズス会の領地のようになってしまっていた。またキリスト教徒たちが、日本各地の寺社を破壊することもたびたび起こっていたのである。

スペインにいたっては、日本への武力侵攻を検討したこともあった。当時の日本は戦国時代で、大名たちの戦力が充実していたために、侵攻を断念しただけだったのだ。

もし、日本が戦国時代ではなかったら、ほかの東南アジア諸国のように、ポルトガルやスペインから侵攻されていた可能性もあるのだ。

それらのことを総合的に判断し、キリスト教全面禁止に踏み切ったものと考えられる。

●イエズス会追放のきっかけとなった出会い

家康が、キリスト教を完全に禁じたのは「キリスト教の危険性」のほかに、もう1つ大きな理由があった。幕府が独占的にオランダと交易するためである。

家康は、オランダと奇妙な縁があった。家康がまだ征夷大将軍になる前の慶長5（1600）年4月、大分の臼杵《うすき》にオランダ船のリーフデ号が漂着した。臼杵藩の藩主・太田一吉《おおたかずよし》は、乗組員を保護し、長崎奉行に報告した。リーフデ号は大坂に回航されることになった。

「関ヶ原の戦い」の少し前であり、まだ豊臣政権だったときのことである。この時期、豊臣政権の番頭格だった三成は、失脚して領国に戻っており、事実上、家康が政務を取り仕切っていた。そのため、家康が、リーフデ号の検査、尋問などをすることになった。

日本にいたスペインのイエズス会の宣教師たちは、リーフデ号のことを聞きつけ、家康に処刑するように注進した。イエズス会は、カトリック・キリスト教の修道会であり、当時はプロテスタント・キリスト教と激しく対立していた。

リーフデ号の母国オランダは、プロテスタントの国である。だから、日本在住のイエズス会としては、プロテスタントの勢力が日本に及ぶことを非常に恐れていたのだ。

しかし、家康は、イエズス会の宣教師たちの注進は聞き入れず、リーフデ号を浦賀に回航し、乗組員を江戸に招いた。

家康は、リーフデ号の乗組員から海外情報などを仕入れ、一部の乗組員は家臣として取り立てた。幕府の要人となったオランダ人のヤン・ヨーステンや、三浦按針《みうらあんじん》の日本名で知られるイギリス人のウィリアム・アダムスは、このリーフデ号の乗組員だった。

このヤン・ヨーステンやウィリアム・アダムスから、家康は当時の西洋の国情や宗教事情などを詳しく聞いたようである。

●海外貿易の旨みを独占できた理由とは?

当時のキリスト教世界では、ルターの宗教改革から生まれたプロテスタントが、急激に勢力を拡大している時期だった。

プロテスタントは、免罪符に象徴されるような教会の権威主義、金権主義を批判し、純粋な信仰に戻ろうという宗派である。そのため、旧来の教会であるカトリックと、新興宗派であるプロテスタントは、激しく対立していたのである。

ポルトガルやスペインは、カトリックの国だった。彼らが、大航海をして世界中に侵攻していたのも、じつはカトリックとプロテスタントの対立が影響していたのである。

プロテスタントに押されていたカトリックは、少しでも多くの信者を獲得するために、積極的に世界布教に乗り出したのだ。**戦国時代に日本にやってきたポルトガル、スペインの宣教師たちは、皆この流れに沿ったものなのである。**

が、一方、オランダはプロテスタントの国だった。オランダは、新興海洋国でもあり、ポルトガルやスペインに続いて、世界中に進出し、貿易や侵攻をおこなっていた。

オランダも、キリスト教の布教もおこなっていたが、それはメインの目的ではなく、金儲けが最大の目的だった。日本に対しても、キリスト教の布教を強く求めることはなく、貿易だけを求めてきた。

つまり、オランダは、キリスト教の布教をしなくても貿易をしてくれるというわけである。

家康はこの事情を知り、オランダとだけ貿易をすることにしたのだ。

しかも、**幕府が独占的にオランダと交易をおこなえば、貿易における旨みを幕府だけが享受する**ことができる。

そのため、江戸時代を通じて、オランダが唯一の西洋文明の窓口となった。オランダからの文物を学ぶ「蘭学」は、日本の最先端の学問となったのである。

第6章

江戸時代の経済を安定させた家康の貨幣制度とは？

●家康によって日本の貨幣制度は整えられた

江戸時代の日本では、ご存じのように三貨制《さんかせい》が敷かれていた。

三貨制というのは、金銀銅の3種類の貨幣による通貨制度である。

金、銀、銅の貨幣は、それぞれが価値に応じて交換される。

この三貨制度によって、日本は史上初めて安定した「貨幣社会」となった。

貨幣の材料は3種類あるので、1つの鉱物が不足しても、ほかの鉱物で補うことができる。だから、貨幣不足に陥るようなことはない。

貨幣制度が整えば、必然的に商工業も発展する。そのため江戸時代には、日本経済は大きく成長した。

この三貨制は、幕末まで続き、現代日本にも大きな僥倖《ぎょうこう》をもたらすことになった。

江戸時代の金銀銅による三貨制度は、欧米諸国の金融システムと、金銀の交換比率が若干違っただけで、基本的な仕組みは変わらなかった。だから、日本は明治維新以降、欧米の金融システムにスムーズになじむことができたのだ。

これは奇跡ともいうべきことである。というのも、中世から近代にかけて、金銀銅をバランスよく通貨として使用している地域は稀《まれ》だったからだ。

銀だけや、銅だけを使っていることが普通で、たとえば韓国などは近代に入るまで、通貨には主に銅を使用していた。それは、近代的な国際貿易をする上で、非常に不都合だった。当然、国の近代化、国際化には出遅れることになった。

この三貨制をつくったのは、家康である。

通貨の制度自体は、織田信長や武田信玄によって、すでに構築されようとしていた。が、信長や信玄は、貨幣制度に取り組んだ期間が短かったため、彼らがつくった貨幣制度は、まだ完成や安定からはほど遠いものだった。家康は、信長や信玄がつくりかけていた通貨制度を大規模に完成させ、安定させたのである。

また家康は、莫大な金銀銅などの貴金属を保有していた。

金銀というと、信長や秀吉のほうがたくさん持っていたイメージがあるが、決してそうではなく、家康のほうがはるかに大量に持っていたのだ。

それは、江戸幕府の２６０余年にわたる安定政権の財源となった。

本章では、いかにして家康が金銀銅を保有し、貨幣制度を整えたかを追究していく。

●デフレに悩まされていた戦国時代の経済社会

まず、戦国時代における日本の貨幣状況について見ておきたい。

日本では、家康が三貨制をつくる以前から、貨幣は用いられていた。が、それは不完全で非常に不安定なものだった。**日本で本格的に貨幣が用いられるようになったのは、平安時代の終わりから鎌倉時代の初めのあたりからである。**

このときに使われた貨幣は、中国から輸入された銅銭によるものだった。

中国は北宋時代（９６０～１１２７）から南宋時代（１１２７～１２７９）にかけて、大量の銅銭を鋳造しているが、この銅銭が日本に流入したのである。平清盛《たいらのきよもり》が、宋から大量に銅銭を輸入し、それが日本に貨幣を普及させたとも見られている。

これにより、日本の貨幣経済はかなり進んだ。

13世紀の終わりには、日本は完全に貨幣経済に移行していた。年貢も米ではなく貨幣で納めるようになっていたのである。

しかし、室町時代の末期、日本では深刻な貨幣不足に陥る。現在で言うところのデフレになったのだ。中国で新たに政権を獲った明が、貿易禁止政策を打ち出し、銅銭の輸入が途絶えたからである。

日本では、以前に輸入された古い銅銭を使っていたが、何十年、何百年も前のものばかりで、激しく劣化が進んでいた。劣化の激しい銅銭は「亜銭《あせん》」などと呼ばれて、価値が下げられたり、取引を拒否されたりもした。

が、状態のいい銅銭は、それほど残っていないために、貨幣取引そのものが衰退し始めていた。さらに、１５７０年ごろには、銅銭の不足から、米を貨幣の代わりに使うケースも増えてきた。貨幣経済が普及する以前に戻ろうとしていたのだ。

だから、**戦国時代の社会というのは、新たな貨幣制度を切望していた**のである。

銅銭に頼らない、新しい貨幣制度を最初につくろうとしたのは、信長である。

信長は永禄12（１５６９）年、京都、大坂、奈良の近畿地区で、通貨に関する重要な発令をしている。この発令では「高額な取引には金銀を使うこと」「米を通貨として使ってはならない」などが明記され、金と銀と銅の交換比率なども定められている。信長は、少なくなった銅銭の代わりに、金銀を貨幣として使用するように命令したわけだ。

これ以前も、金銀は高い価値を持つとして珍重され、一部では商取引に使われることもあった。が、貨幣として一般化するまでに至らず、主に贈答用などに使用されていた。**中央政府が、金銀を正式に貨幣と位置づけ流通の促進を促したのは、これが最初である。**

さらに、明確な記録は残っていないが、信長は「金の大判」の原始型のようなものもつくっていたと見られている。イエズス会の宣教師ルイス・フロイスの報告書では、光秀が安土城を攻撃した際に蔵を開けたとき、印が押され、重量によって区分された大量の判金があったということが記されている。

また、大正時代、安土町下豊浦の畑から不定量ながら、2枚の金貨が見つかっている。この金貨は、金の純度が非常に高いものであった（摠見寺《そうけんじ》所蔵）。

秀吉も、信長の貨幣政策を引き継いだ。秀吉が金の貨幣を鋳造したことは、明確に記録に残っている。秀吉が最初につくった金の大判は、天正16（1588）年の菱大判だと見られている。この大判は、後藤徳乗《ごとうとくじょう》が鋳造した。

徳乗は、金工職人として名をはせていた後藤家の5代目である。後藤家は、初代・祐《ゆう》乗《じょう》のときから足利《あしかが》将軍家に仕え、刀の小柄などの制作をしていた。信長が金の貨幣を鋳造しようとしていたころから、後藤家も貨幣鋳造に携わるようになったようである。

後藤家は、４代目の光乗《こうじょう》は信長に仕え、５代目の徳乗は秀吉に仕えた。徳乗は秀吉のつくった金座の首長となり、大判の鋳造をおこなうことになったのだ。

このように、信長や秀吉も、貨幣制度の構築を試みてはいた。が、彼らは政権担当期間が短かったために、貨幣制度の基本的な仕組みをつくっただけで終わってしまった。

貨幣を大量に鋳造し、社会で普通に流通するほど普及させたのは家康なのである。

●秀吉存命中すでに金の小判製造に着手

家康は、非常に早くから貨幣制度に取り組み始めていた。

それは、秀吉が金の大判・小判の製造に取りかかっているころのことである。家康も、遠く江戸の地で、金の貨幣をつくろうとしていたのだ。これを見たとき、家康は秀吉の存命中から、すでに天下への野心を持っていたと思われる。

しかし家康は、貨幣の鋳造を秀吉に秘密裏におこなったわけではなく、事実上、秀吉の許しを得ている。

というのも、秀吉がつくった金座の首長である後藤家に、金工の派遣を依頼しているのだ。後藤家に相談するということは、当然、秀吉の耳にも入るわけであり、秀吉の許可がなければ、後藤家も金工の派遣などはできない。

また、後藤家に相談することにより、**秀吉に対して「他意はありません」ということのアピールをおこなった**のだろう。この辺、家康は抜け目がなかった。

当初、家康は、後藤家の一族の者を派遣してくれるように依頼したようだ。

が、後藤家としては秀吉に対する憚《はばか》りがあったのか、未開の地の江戸に家内の者を派遣するのにためらいがあったのか、一族の者の派遣はしなかった。

そこで、後藤徳乗の弟子だった庄三郎という者に後藤姓を与え、光次と名乗らせて江戸に派遣したのである。この光次は、非常に有能な人物であった。その後も家康に重用され、家康が天下を獲ってからは、後藤本家の勢力を上回ることになる。

後藤庄三郎光次により、文禄4（1595）年に、金の小判（1両）が鋳造されたとされている。秀吉の天正大判より遅れること7年だが、まだ秀吉は存命中であった。つまり、家康は秀吉が生きているときに、すでに金の小判の製造をしていたのだ。

しかも、家康のつくった金の小判は、秀吉の大判よりも実用性が高かった。

というのも、秀吉の天正大判は、金の品位は74％で、重さが44匁《もんめ》（１６５グラム）もあった。これは現代のスマホよりも重く、貨幣として持ち歩くには少し不便だった。

一方、家康の小判は、金の品位が86・３％で、秀吉の大判より高い。

対して、重さは４・７３匁で約18グラム。今の５００円玉2個分より少し重い程度で、貨幣として持ち歩くには不便ではない。また、額面は「１両」とされ、それほど高額というわけではない。だから、普通に商取引に使うことができた。

秀吉も、重さ１匁２分（４・５グラム）の円形金貨をつくっていたが、これは主に公卿への贈答用として鋳造されたものだった。家康のつくった小判のほうが、貨幣としてのスペックは高かったのである。

●武田信玄の貨幣政策を採用した理由とは？

家康が秀吉の存命中に、すでに秀吉よりも実用性の高い小判をつくっていたのには、理由がある。秀吉の貨幣鋳造は、信長の貨幣政策を継承したものである。だから、おそらく金の大判なども、信長のアイディアを踏襲したものと思われる。

一方、家康も、信長の貨幣政策は参考にしつつも、信玄のアイディアも大幅に採り入れていた。信長が、日本で最初に金銀を貨幣として、正式に採用したことは前述したが、**じつは信玄も、金を使った貨幣制度を、早くから導入しようとしていた**のである。

信玄は、存命中に、金貨の鋳造もおこなっていたのである。信玄の時代、甲州では黒川などの金鉱山の開発が急速に進んだ。信玄は、領内で採掘された金を甲府に集め、松木、野中、志村、山下の金細工家に命じて、金貨をつくらせていたのだ。

「本能寺の変」後、信玄の旧領を引き継いだ家康は、武田家のさまざまなシステムを採り入れたが、貨幣システムもその1つである。当然、信玄の開発した鉱山も引き継いだ。信玄が抱えていた金細工家なども取り立てて、貨幣鋳造をおこなったのである。

だから、家康のつくった貨幣制度は、信玄のつくったものを踏襲している面が多々ある。信玄の貨幣制度では、金4匁の貨幣を「1両」として定め、1両の4分の1を「1分」、1分の4分の1を「1朱」とする4進法となっていた。この貨幣単位を、家康はそのまま使い、それは江戸時代を通じて貨幣単位の基本となった。
また、甲州地方での「甲州金（貨）」の鋳造は、江戸時代でも特別に認められていた。江戸時代では、原則として、金貨の鋳造は幕府の金座でしか認められていなかったが、甲州金だけは特別扱いされたのである。

●家康が本格的な貨幣システムをつくれた理由

秀吉が死去し、関ヶ原の後に天下を手中にして、家康は本格的に貨幣の発行に乗り出す。それは、信長や秀吉の規模をはるかに上回るものだった。事実上、日本で最初の貨幣の大量発行であり、これにより日本で初めて体系的な貨幣制度が確立された。

家康が、本格的な貨幣の発行に着手できたのは、全国の主要な鉱山をほとんど手中にしたからである。信長や秀吉も、全国の主要な鉱山を手に入れようとしてきた。

信長は、早い段階から兵庫の生野銀山《いくのぎんざん》を山名家から奪って直轄領にし、秀吉もそれを引き継いでいた。また当時、日本最大の金鉱山だった佐渡金山《さどきんざん》は、上杉家が所有していたが、秀吉は上杉を会津に転封させ、これを自分の直轄とした。

しかし、信長も秀吉も、どうしても手に入れることができなかった大鉱山がある。

石見銀山《いわみぎんざん》である。


石見銀山は、鎌倉時代に発見され、開発されてきた。戦国時代になると、大永6（1526）年、博多の貿易商人・神谷寿禎《かみやじゅてい》が巨大な銀鉱を発見した。

そのころ「灰吹法《はいふきほう》」という、金銀の採掘における画期的な精錬技術が使われ始めており、石見銀山は、この技術を導入することによって、飛躍的に生産が増加した。

世界的な大鉱山となった石見銀山の銀は、日明貿易、南蛮貿易、倭寇などにより世界中にばらまかれ、世界経済を変えたとまで言われている。

当然、戦国武将たちによって激しい争奪戦が繰り広げられた。

戦国時代の初期、石見銀山一帯は、吉見《よしみ》、三隅《みすみ》、小笠原《おがさわら》などの諸氏が割拠していたが、大永《たいえい》のはじめ（1520年代ごろ）大内義興《おおうちよしおき》が支配下に収めた。

その後、大内氏と出雲《いずも》を支配する尼子《あまこ》氏のあいだで、壮絶な領有争いがおこなわれた。大内氏が滅んだ後は、毛利元就と尼子氏のあいだでの争いとなり、永禄《えいろく》5（1562）年2月に、ようやく元就が石見を支配下に収めた。

元就にとって、石見銀山は掌中《しょうちゅう》の珠《たま》であり、決して手放そうとはしなかった。秀吉といえども、直轄領にはできなかったのである。石見銀山は、秀吉の時代には、毛利家の領有になっており、秀吉は奉行を派遣し、一定の運上（税）を課すだけだった。

が、家康は、この石見銀山を、あっさり直轄領にしてしまう。「関ヶ原の戦い」で勝利したからである。関ヶ原というのは、それほど影響力の大きい戦闘だったのだ。

毛利家は「関ヶ原の戦い」では西軍についたとみなされ、領地を大幅に削られた。石見銀山の地域も毛利家の領有ではなくなった。

こうして、石見銀山は幕府の直轄地（天領）とされたのである。この石見銀山を直轄したことは、徳川政権が貨幣制度を確立するためにも大きな布石となった。

●金の大判・小判をつくって民間のデフレを解消

家康は、関ヶ原の直後から、慶長大判、慶長小判などの鋳造を大々的に始めた。

慶長大判というのは、金の大判であり、その貨幣価値は７両２分と、もっとも高額の貨幣だった。重さは約１７０グラム（44匁1分）、金の品位は67・２％だったとされる。

秀吉のつくった大判に似たものである。

この慶長大判は、1万6565枚つくられた（枚数には諸説ある）。銘文は刻印ではなく墨書された。大判は、それほど取引に使われる機会が多くないので、刻印ではなく墨書でよかったのだ。この墨書は、消えてしまうとお金を払って、わざわざ書き直してもらわなければならなかったので、墨書が消えないように、綿に包むなど大切に保管されたという。

この慶長大判の下位貨幣としてつくられた慶長小判は、家康がすでに文禄4（1595）年からつくっていた「金の小判」の改良型である。以前の小判は、製造地、額面、製作者の名前、花押が墨書されていた。しかし、貨幣として使用されるうちに墨書は消えてしまったので、慶長5（1600）年からは極印が押されるようになった。

慶長小判のさらに下位貨幣として、慶長一分判がつくられた。

この慶長一分判は、長方形の小さな板状で、額面は1両の4分の1。縦11・8ミリ、横9ミリほどしかなく、SDカードよりも小さい。

慶長小判と慶長一分判で、合計1324万両分（2000万枚以上）も鋳造されている。

鋳造高には諸説あるが、1000万両以上であることは間違いない。

これらの金の貨幣は、江戸、京都、駿河、佐渡の金座で製造された。

なぜ家康が、貨幣鋳造の最初に金の大判・小判をつくろうとしたかというと、貨幣不足を補うためである。前述したように、戦国時代では、それまで使用されていた宋銭が入ってこなくなり「銭不足（デフレ）」の状態になっていた。この銭不足を解消するために、高額通貨である金の大判・小判を、まず鋳造したのである。

●上方では従来どおり銀の流通を認める柔軟政策

江戸で金の大判、小判がつくられた後、京・大坂向けに銀の貨幣もつくられた。慶長一分判のさらに下位貨幣として、慶長丁銀や豆板銀などの銀貨幣が鋳造されたのだ。

当時すでに京・大坂では、銀が商取引に使われていた。

ただし、1枚ごとに価値が決まった通貨として使用するのではなく、取引に応じた価値に見合う重量分の銀を使用するという方法だった。取引ごとに銀の板を切断し、商品に見合う重量分の銀塊を払うのである。慶長丁銀、豆板銀も、この京・大坂の商慣習に合わせてつくられていた。

慶長丁銀は、だいたい慶長大判ほどの大きさだったが、形態や重量はまちまちで、銀塊に近いようなものだった。当初は、それを取引に合わせて切って使用していた。が、それは不便なので、豆粒大の豆板銀も鋳造した。これにも大きさや重量は一定ではなかった。概ね5グラムから7グラム程度だった。

京・大坂の人々は、この慶長丁銀と豆板銀をうまく組み合わせて、商取引に使用したのである。**幕府は江戸でもっと便利なはずの金の大判、小判を鋳造していたが、家康は、京・大坂には、幕府鋳造貨幣の使用を強要せず、そのまま銀使用の商取引を認めたのだ。**

江戸時代では「上方の銀遣い」「江戸の金遣い」などと言われていた。京・大坂では銀が主要貨幣として用いられ、江戸では金が用いられるという、二重システムになっていたのだが、それはこの家康の柔軟な貨幣政策によるものだった。

●信長と信玄の「いいとこ取り」だった貨幣制度

慶長14（1609）年、幕府は金銀銅の交換相場として、金1両＝銀50匁＝永楽銭1貫文＝亜銭3貫文と定めている。

ただし、この金銀銅の交換相場は、厳密に守られていたものではなく、市場では若干の上下を持って取引されていた。

この金銀銅の交換基準は、信長が永禄12（1569）年に、京都、大坂、奈良の近畿地区に出した金銀使用令が原型となっている。家康は、貨幣制度の構築において、大枠の制度は信長から、貨幣の形状や単位などは信玄から引き継いだのである。

●慶長一分判

家康は、このように、周囲の武将の優れた部分を真似して、彼らが失敗したことについて切り捨てた。取捨選択に非常に優れた人物だったのである。
この金銀銅の三貨制の導入により、日本に史上初めて安定した本格的な貨幣社会が到来した。
室町時代から戦国時代まで、社会を悩まし続けていた銭不足もこれで解消された。
以前は、貨幣取引のほとんどが永楽銭か、それを模した銅銭によっておこなわれていた。そのため、永楽銭の輸入が途絶えたときに、銭不足となったのである。

しかし、家康の導入した三貨制により、金貨と銀貨を高額取引に使い、旧来、貨幣として用いられてきた永楽銭を、少額取引に使うようになった。

永楽銭は小銭というような扱いになったので、永楽銭への依存度が大幅に減ったのである。

家康がつくった貨幣制度は、江戸時代を通じて安定していた。

若干は相場の高騰、デフレやインフレはあったが、戦国時代のように「銭不足により米を貨幣代わりにする」というような状況は生じなかった。

また、この貨幣制度は、幕府の財政安定にも大きく寄与した。幕府は貨幣を鋳造することによって、大きな利益を得ることになった。

江戸時代の260余年間に、米の価格が相対的に下がったため、幕末になると、幕府財政の3割以上を貨幣鋳造益が占めるほどになった。

さまざまな面において、家康の貨幣制度は、江戸時代260余年の平和をもたらした大きな要因の１つになっているのだ。

●なぜ家康だけが貨幣制度を整えられたのか？

家康が貨幣制度を整えられたのは、彼が莫大な金銀銅を手中におさめられたからである。**戦国時代から江戸時代前半というのは、良質な金銀銅の鉱山が相次いで開発された時期であり、日本でもっとも金が採れた時代でもあった。**家康は、その大量の金銀銅をできるだけ、自家にため込んだ。

家康は、大法馬金《だいほうまきん》という金塊を大量に残していたことが知られている。大法馬金とは、幕府が蓄財していた金の分銅のことで、金の大判２０００枚でつくられ、１個あたり約３００キロあった（１５０キロという説もあり）。

法馬金は、そもそも秀吉がつくっていた。

秀吉は、中国の法馬にならって、法馬金をつくったのだ。金の大判１０００枚を鋳つぶしてつくったもので、縦33センチ、横30センチ、厚さ15センチの分厚い金の板である。重さは１６５キロ以上もあった。

ただし、秀吉がつくった法馬金の実数はわかっていない。

秀頼が方広寺の大仏を再建する際、つぶした個数は28個、大判4万5000に上った。

それでも、豊臣家にはまだ十二分に法馬金が残されていたという。『駿河政事録』によれば、秀忠が「大坂の陣」の論功行賞として、藤堂和泉守《とうどういずみのかみ》、井伊掃部頭《かもんのかみ》の2人に、大坂城の法馬金を2個ずつ授けたとある。残りは、伏見から駿河、江戸へと移された。

豊臣家が「大坂の陣」という大戦争ができたのは、この秀吉の遺産があってこそである。「大坂の陣」では、豊臣恩顧の大名たちは、誰一人として秀頼に加担しなかった。

そこで豊臣家は、巨額な資金を使って浪人をかき集め、徳川家をはじめ日本中の大名を敵にして戦ったのである。

最終的に落城したとはいえ、秀吉の残した財産が、どれほど威力があったかということである。家康もこれにならい、死ぬまでのあいだに大量に法馬金をつくらせたのだ。

家康の大法馬金は、江戸期前半の万治《まんじ》年間には126個もあった。金の大判1枚の金の含有量はだいたい165gなので、純金にして約42トンということになる。

現在、日本銀行が保有している金が、800トン前後である。今から400年前の戦国時代に、42トンの金を保有していたというのは、相当の財力だったと言える。**42トンの金は、現在の時価相場に換算しても、約2000億円である。**

当時は、世界の金の保有量が現在よりもはるかに少なかったので、相対的な金の価値は現代よりも高かったはずである。しかも、これは法馬金だけの話である。家康は金銀の貨幣鋳造にあたって、大量の金銀を使っている。

また、法馬金や貨幣以外の形で、所有していた金銀も莫大な量があったはずだ。それを考慮し、家康の資産額を現代価値に換算すると、想像もつかないような金額になる。

●貨幣鋳造の専権を長く握った初めての政権に

貨幣の鋳造は、原則として江戸幕府の独占としていた。諸藩も貨幣を鋳造することはできたが、幕府の許可が必要であり、しかも諸藩のつくった貨幣は、藩内だけでしか通用させることができなかった。

全国で使用される貨幣は、あくまでも幕府の鋳造したものだけだったのだ。

幕府の貨幣鋳造独占は、当然のことながら、幕府が日本中の金銀を独占していたから可能だったことである。

家康は、関ヶ原以降、日本の主要な金山や銀山を、幕府の直轄にした。その莫大な金銀の産出により、幕府の貨幣鋳造独占が可能だったのである。

諸藩は、自前で貨幣を鋳造したくても、その原材料を調達するのが非常に困難だった。しかも、幕府の目が光っているので、諸藩は事実上、貨幣の鋳造が不可能だった。

この貨幣鋳造の独占というのは、家康が始めたものである。

戦国時代まで、日本は独自に通貨を発行していなかった。奈良時代に一時期、貨幣がつくられていたことがあったが、長続きせず、戦国時代の貨幣は、前述のようにもっぱら宋銭に依存していた。だから、貨幣鋳造に関する制度などはつくられていなかった。「貨幣鋳造は幕府の専権事項」というような法もなかったから、信玄など独自の通貨を発行しようとした者もいたのである。

また秀吉の時代になり、ようやく大判、小判の鋳造に着手されたが、それでも秀吉政権の専権ではなかった。前述したように、秀吉は家康の小判製造を許している。つまり「貨幣鋳造の専権」を定めた政権は、奈良時代以降は江戸幕府が初めてなのである。

この「貨幣鋳造を幕府が独占したこと」は後々、江戸幕府の財政に大きく寄与することになる。

というのも、江戸時代後期には、貨幣鋳造益が幕府の主要財源となっていくからだ。

●江戸時代の財政危機を救った貨幣の改鋳

江戸時代は260余年もあり、さすがに幕府財政も、いつまでも良好とは言えなかった。江戸時代中期ごろから、財政状況が悪化し始めたのである。その財政悪化に対し、幕府はどういう対処をしたのか？

いちばん大きな方法としては、貨幣改鋳がある。

簡単に言えば、金の品位を落とした小判を鋳造し、それを以前の小判と同じ価値で流通させ、その分の差益を得るということである。

この貨幣改鋳は、江戸幕府の財政再建の常套手段となった。

最初に貨幣の改鋳をおこなったのは、元禄《げんろく》8（1695）年8月だとされている。

時の勘定奉行・荻原重秀《おぎわらしげひで》が、金銀の産出量の不足と貨幣流通量の低下を理由に、金の品位を落とした「元禄小判」を鋳造したのである。

この貨幣改鋳により、幕府は500万両の出目（収入）**を得たとされている。**

重秀は、4代将軍の家綱《いえつな》、5代将軍の綱吉《つなよし》に仕えた財務官僚である。

元禄検地と呼ばれる検地で功績があり、小身の旗本ながら勘定吟味役《ぎんみやく》に抜擢された。この勘定吟味役とは、幕府の会計をチェックするため、綱吉の代に制定された役職であり、後に「勘定奉行」と改称された。現代で言えば、財務大臣のような存在である。

重秀は、この重要な役職に就いたとき、貨幣の改鋳をおこなったのである。

5代将軍・綱吉、6代将軍・家宣《いえのぶ》、7代将軍・家継《いえつぐ》の治世のことを記した『三王外記』には、重秀の言葉として「貨幣は国家が造る所、瓦礫を以ってこれに代えるといえども、まさに行うべし」というものが載っている。この言葉は**「貨幣は国家がつくるものなのだから、瓦礫でつくったとしても、それは貨幣となりえるのだ」**という意味だ。

つまり、貨幣は国家が製造し、その価値を決め、社会に流通するものなのだから、品位の高い金銀でなくても構わないのだ、ということである。

この貨幣改鋳は、市場の混乱を招いたという説もあり、賛否両論があるが、幕府の財政再建に大きく寄与したことは間違いない。この重秀以降、貨幣改鋳が幕府の財政の柱にさえなっていくのである。

が、**この貨幣改鋳ができたのも、家康が貨幣制度を整え、貨幣鋳造を幕府の専権事項としていたから**でもある。幕府が貨幣鋳造の権利を独占していたからこそ、貨幣の製造を自由にでき、金銀の品位を落とした貨幣改鋳も可能だったわけである。

これに味をしめた幕府は、財政が悪化するたびに、貨幣改鋳をおこなった。

そのため、関ヶ原の翌年に鋳造された慶長小判と、江戸時代後半につくられた「安政《あんせい》の小判」を比べれば、金の品位は3分の1になっていた。

江戸時代後半には、平時でも、幕府収入の3分の1近くを、改鋳益が占めるようになっていた。その割合は、幕末にはさらに高まることになった。

貨幣の品位を下げるという財政再建方法は、古代から世界中でおこなわれてきたことでもある。古代ローマや中世ヨーロッパでも、金貨、銀貨の品位を下げることは幾たびもおこなわれてきた。

国は財政が苦しくなると、金や銀の純度が落ちた貨幣を鋳造し、それを以前の純度が高い貨幣と同じ価値に設定して、流通させるのである。

これをおこなうと、以前の金貨は価値が高くなって市場に出回らなくなり、金の含有量の減った新しい金貨ばかりが市場に出回ることになる。

いわゆる「悪貨は良貨を駆逐する」というグレシャムの法則である。


また、物価の上昇を招くなど、経済社会の混乱も招く。だから、貨幣の改鋳はあまり良い経済政策とは言われてこなかった。

しかし、貨幣改鋳にも長所はある。貨幣不足の解消である。

経済が発展すると、必然的に多くの貨幣が必要とされるようになる。が、貨幣を貴金属でつくっている場合は、経済の発展に応じて貨幣を供給するのは難しい。貨幣の原料となる貴金属は、量に限りがあるからだ。

日本中の主要鉱山を独占していた徳川幕府といえども、そういつまでも金銀を大量に産出できるはずもなく、江戸時代の中ごろには金銀の生産量はかなり落ちていた。これまでの品位を保つ貨幣をつくっていれば、供給を賄うことが難しくなっていたのだ。

だから、低品位の貨幣をつくり、貨幣の量を増やすということは、市場の需要を満たすということでもあったのだ。

●江戸時代後半、幕府の収入の柱は貨幣鋳造益だった

貨幣の改鋳による財政補填を最大限に利用したのは、幕末の政治を仕切っていた小栗《おぐり》上野介《こうずけのすけ》である。

●小栗上野介

小栗は、万延《まんえん》二分金という新通貨を発行し、幕府の財政を劇的に好転させた。

万延二分金とは、万延元（１８６０）年から鋳造を開始された金貨である。通貨価値は２枚で１両に相当する（１両＝４分）。

この万延二分金は、それまでの金貨と比べると、金の含有量は60％しかなかった。金の減量分は、幕府の取り分になるという寸法である。

幕府は、これまでも財政が悪化すると、たびたび貨幣の改鋳をおこない、その差益を収入としてきたことは前述した。

小栗は、この貨幣の改鋳を、最大規模で実施したのである。この万延二分金は、それまでの貨幣の10倍以上となる5000万両分も大量発行された。それまでの幕府の金貨は、せいぜい多くても数百万両程度しか鋳造されていないので、万延二分金の鋳造量だけが突出している。**万延二分金は、幕府の財政悪化を補う切り札でもあったのだ。**

そして小栗は、この万延二分金の改鋳による差益で、横須賀製鉄所を建設する計画を立てたと言われている。

が、世間にとって、万延二分金というのは、あまりありがたくない存在だった。金の含有量が4割も減っているのに、これまでと同じ価値で使わされるのである。

しかも5000万両という大量発行である。その結果、世間では急激なインフレが起き、経済が混乱した。米の値段などは、万延元年（1860年）以降の7年間で、10倍近い値上がりをしたのである。もちろん、庶民は非常に困った。

万延二分金の大量発行をすればインフレが起きるのは、小栗もわかっていたはずだ。

つまり、幕府財政を立て直すためには、なりふり構わなかったのである。

こういうことから、小栗は諸藩や世間から恨みを買うことになり、倒幕運動の一因にもなった。

●家康の遺産が欧米列強の侵攻を防いだ

家康の残した莫大な金銀は、後に日本を救うことにもなった。

長い江戸時代の中で、幕府は財政的にずっと潤沢だったわけではなかった。

そのため、家康の残した財産はかなり目減りしていた。江戸時代前期の万治年間には126個もあった大法馬金も、後期の天保《てんぽう》年間には26個になり、末期の慶応《けいおう》年間にはわずか1個に激減していたのである。

しかし、ペリーが来航し、開国を余儀なくされたときであっても、幕府にはまだ国防に使う資金が残っていた。

幕府は開国後、欧米諸国から軍艦などを大量に買い込んだ。それは欧米列強からのあなどりを防ぐことになった。帝国主義時代のアジアにおいて、日本が唯一、列強から侵攻されなかったのは、幕府の素早い軍備と財政力も大きな要因と言える。

さらに江戸幕府は、明治維新直前の慶応元（1865）年、横須賀に大規模な造船所建設の着工をしている。この横須賀造船所は、明治維新のころにはほぼ完成しており、代金も大半が幕府によって支払われていた。

だから明治新政府は、ほぼ無償で、この横須賀造船所を受け継ぐことができたのだ。

横須賀造船所は、日本の造船業の発展に大きく寄与し、造船大国日本の礎になった。当時、アジアで最大のものであり、欧米でもこれより大きいものは、イギリス、フランスなどにあるくらいだった。

また日露戦争で、ロシアのバルチック艦隊を破り、世界にその名を轟《とどろ》かせた東郷《とうごう》平八《へいはち》郎《ろう》は「日本海軍が勝てたのは、横須賀造船所のおかげである」として、造船所建設の立案者だった小栗の遺族を自宅に招き、礼を述べたという。

江戸幕府が、最末期にこのような大規模な支出ができたのも、家康の残した巨額の遺産のおかげだと言えるのだ。

第7章

「平穏な江戸時代」を築いた徳川幕府の飴と鞭

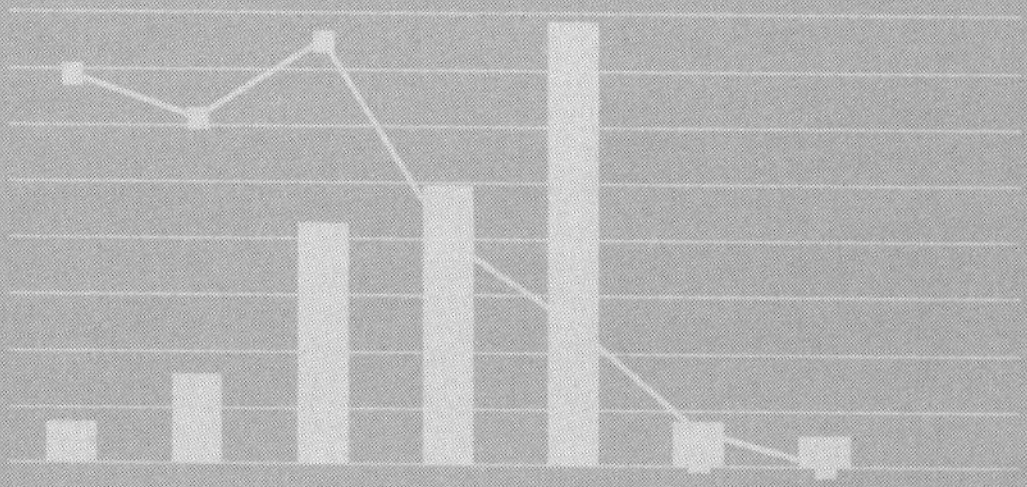

●封建制度と中央集権制度の中間的なシステム

何度か触れたように、江戸時代は、戦乱がほとんどない平和な時代だった。

古代から戦国時代まで、日本では戦乱が絶えなかった。しかし、江戸時代になると戦乱はピタリと止んだのである。

それには、江戸時代の社会システムが大きく影響している。

江戸時代の社会システムは、大きな変化が起きないように制度設計されていた。

「社会に波風が立たないように」「社会の秩序が崩れないように」ということを、最大の目標とされていたのである。**そのため、江戸時代というのは、初期のころと末期のころを比べても「政権」や「世の中」の形がほとんど変わっていない。**

よくも悪くも、江戸時代は徳川家が最初から最後まで強い政治権力を持っていたし、世の中も「武家」を中心にした秩序が守られてきたのである。

こういう時代は、世界の歴史を眺めてみても、そうあるものではない。

世界史の中では、長期間続いた王政国家はけっこうある。しかし、1つの家が最初から最後まで権力を握り続けていた、というのは稀だ。たいがい、家臣や豪族などが力をつけて権力を持ち、最終的には王家はお飾りのような存在になってしまう。

が、江戸時代の場合は、徳川家が最後まで大きな権力を持ち続けていた。15代将軍・慶喜《よしのぶ》が自ら政権を返上するまで、徳川家の権力は続いたのである。


この社会システムの基本をつくったのは、もちろん家康である。

家康は「平穏」「安堵」ということを最大の国家目標としていた。

だから、信長のようなドラスティックな改革は好まなかった。信長が目指したように、強力な中央集権国家をつくろうとはしなかったのである。

かといって、戦国時代までの社会矛盾を、そのまま放置することもしなかった。幕府の力が弱く、諸侯に対する抑えが効かず、戦乱が絶えないという状況は修正された。

その結果でき上がったのが「封建制度と中央集権制度の中間的な国家システム」なのである。

幕府は中央政府として、日本全国を一元的に統治するほどの強力な政権ではなく、諸大名の領地は諸大名がそれぞれ統治する。しかし、その一方で幕府は、全国の諸大名に睨みを利かせるのに十分すぎるほどの領土、軍事力を保持している。

この「進化系封建制度」とも言えるような社会システムが、江戸時代の260余年に及ぶ平和をもたらした最大の要因なのである。

●武家社会の秩序となった「武家諸法度」

元和《げんな》元（1615）年、江戸幕府は「武家諸法度」を発布した。発令者は2代将軍・秀忠となっているが、実際は家康の命令による。この武家諸法度は、江戸時代の中で幾度か改定されているが、根本精神は家康の出した最初のものにある。

武家（主に大名）の基本法ともいうべきもので、その内容は次のようなものである。

・武芸に励むこと
・罪人を匿《かくま》ってはならない
・城の新造や改築は、必ず幕府に届け出を出さなければならない
・周囲で城の新造や謀反計画を知ったならば、幕府に報告しなければならない

・参勤交代をしなければならない
・大名同士の勝手な婚姻は許されない

この内容を見ると「幕府を中心とした社会システムを守ること」が最大の目的であることが容易に見て取れる。大名家は城を手直しするにも、婚姻するにも、いちいち幕府の許しを得なくてはならない。できる限り謀反や叛乱などの芽を摘み、幕府に忠誠を誓わせようということである。

武家諸法度は、家康の腹心だった以心崇伝《いしんすうでん》が起草したとされているが、ほぼ家康の意を汲んだものと言えるだろう。

この法度において、もっとも有名なエピソードは、福島正則の取り潰しであろう。

正則は、秀吉の従弟であり、豊臣恩顧の大名でありながら、三成と対立し、豊臣家崩壊の要因をつくったことで知られる。正則は、家康死去直後の元和５（１６１９）年に、幕府の許可を得ずに城の改築をしたとして、安芸藩（広島県）50万石から高井野藩（長野県）4万5000石へ大減封をさせられた。

城の改築と言っても、台風被害の修繕をしただけであり、幕府へも事前に届け出をしていた。が、正則は、幕府の許可が出る前に応急修理をしてしまった。

それを、隣国の長州藩（山口県）からの通告で幕府が知ることになったのだ。たったこれだけのことで、事実上の取り潰しとなったのである。

非常に厳しい処置のようにも見えるが、この時期は「大坂の陣」により豊臣家が滅亡し、その直後に家康も死去しており、政治的な混乱が起きているときだった。

家康を継いだ秀忠としては、時局を引き締めるために、あえて厳しい処断をおこなったのだろう。また豊臣家恩顧の大名をつぶすことで、後世の憂いを絶つという意味もあったものと思われる。福島家はその後、跡継ぎの急死などで大名家としては改易となり、徳川家の旗本として存続することとなった。

●天下普請で間接的に諸大名から税を徴収する

何度か触れたが、家康が優れていたのは「待つ能力」ばかりではなく「やるべきことは迅速にやる」「機会は絶対に逃さない」ということにも、非常に長けていたのである。

というより、ここが家康の真骨頂だと言える。そして、この家康の真骨頂は、関ヶ原の戦いの後に顕著に見られる。たとえば、関ヶ原の戦い後、家康が諸大名への統制をおこない、参勤交代の制度を整えたことは先述した。

さらに家康は、諸大名の統制を厳しくするとともに、本格的な天下普請を開始したのである。天下普請とは、国家のための土木、建設事業などを、諸大名に命じるもので、もともとは秀吉が大々的に始めたものだ。

これは天下人が、諸大名から間接的に税をとる方法でもあった。

当時の社会システムでは、大名の領地の徴税権は大名が持っていた。天下人の秀吉といえども、勝手に大名の領地に課税し、年貢などを徴収することはできなかった。鎌倉時代から戦国時代のあいだに、武家社会の中でそういうシステムが根づいたのだ。

が、秀吉としては、各大名からどうにかして税を徴収したい。

そこで秀吉は、天下普請を多用することを思いついたのである。

天下普請は、国家のための事業ということになっているが、現実的には豊臣家の城や都市の整備などをおこなうものだった。本来、豊臣家が支出すべき事業費を、諸大名に天下普請を命じることで、税を徴収するのと同じ効果を得ていた。

これを、家康も踏襲して「関ヶ原の戦い」直後からおこなったのである。

関ヶ原から半年後の慶長6（1601）年5月、家康は京都で二条城の築城を開始する。二条城は、家康が京都にいるときの宿泊場所とされるものだった。

家康は、この二条城の天下普請を西国大名に命じた。


さらに慶長8（1603）年2月、家康は征夷大将軍に就任すると、その翌月には、主な譜代大名、外様大名に、江戸の都市整備の天下普請を命じる。

これは「六十六か国の町普請」とも呼ばれた。大名たちの普請の基準は「千石夫《せんごくふ》」であり、領地1000石につき1人の夫役を課すというものである。

10万石であれば、100人分の労役を提供しなければならないということだ。

このときに神田山を掘り崩し、日比谷入江からの埋め立て工事がおこなわれた。また城下を流れる平川に日本橋が架設された。

慶長11（1606）年からは、江戸城の天下普請が始まった。江戸城の建設（改築）は、家康によってすでに進められていたが、将軍宣下を期に、江戸城を幕府の本拠地として、大規模に増築されることになったのだ。

この天下普請には、主に西日本の外様大名が動員された。秀吉恩顧の大名、加藤清正、細川忠興、藤堂高虎、浅野幸長、前田利常なども軒並み参加している。

江戸城の建設は、家康の存命中には終わらず、寛永15（1638）年にようやく完了した。じつに30年以上かかった大工事だったのだ。

そのあいだ、諸大名たちは莫大な労役を提供し続けたのである。

また慶長12（1607）年からは、駿府城の天下普請も始まった。

近畿周辺の10か国に対して「五百石役」が課せられた。これは、500石につき1人の労役を供出させるというものだった。江戸の天下普請をした大名などは対象外とされた。この天下普請は、豊臣秀頼にも課せられている。

●諸大名を監視する閻魔帳「御前帳」とは？

家康は、関ヶ原から間もない慶長9（1604）年、西国の大名たちに対して『国郡之絵図』を3部ずつ提出することを命じた。

『国郡之絵図』とは、領内にある各村の地図や年貢高が、絵図とともに記載されているもので、御前帳とも呼ばれている。

秀吉も、天正19（1591）年、全国の大名にこれを提出させている。かの太閤検地《たいこうけんち》も、正確な御前帳をつくらせることが目的でもあった。太閤検地で全国各地の農地の広さや収穫高が調査され、その総まとめとしてつくられたのが御前帳なのである。

この御前帳をもとにして、秀吉は朝鮮出兵の軍役人数などを決定した。

家康も、幕府を開いた直後に、この御前帳を徴収したのだ。が、家康の御前帳は秀吉のものとは少し違った。家康の御前帳は、年貢量を基準にしていたのである。

各大名領の土地の広さなどは、秀吉のときの御前帳によりだいたい把握できている。だから家康は、大名が実際に徴収している年貢を記させたのである。

年貢の掛け率は、その土地ごとによって違う。地域の慣習などにより、年貢が高かったり安かったりした。

土地が広くても年貢が安く、大名の経済力はそれほどでもないという場合もあったし、その逆もあった。年貢を基準にすると、その大名の真の経済力を図ることができる。

家康は、この御前帳をもとにして、天下普請の徴発人数などを決めたのである。

●天下普請がなければ倒幕はもっと早かった？

この天下普請による大名統制は、江戸時代を通じておこなわれた。関ヶ原で西軍についた大名の中で、もっとも厄介だとされた薩摩藩に対しても、幾度も大規模な天下普請を命じている。

薩摩藩の天下普請は、慶長9（1604）年の江戸城の修築から始まり、宝暦4（1754）年ごろには、木曽川の治水工事を命じられている。この土木工事は、江戸時代を通じて最大級の規模だった。工事費用は30万両以上かかることが予想された。

当時、薩摩藩はすでに67万両の借金を抱えており、この天下普請は「取り潰し命令」に近いようなものだった。**この天下普請の命令が来たとき、薩摩藩内では、これを断って幕府と戦うべきという意見も出ていたのである。**

しかし、最終的に薩摩藩は、この天下普請を請けることにした。

この工事の過程では、工事の最中に水害が起きるなどたびたび不測の事態が生じた。

そのため、責任を取るという形で、薩摩藩士が自害した。

また、幕府の役人への抗議として、自害するケースもあった。工事全体では、家老の平田靭負《ひらたゆきえ》をはじめ、薩摩藩士の自害は51人にも上った。

最終的には工事費用も40万両にもおよび、薩摩藩の財政を大きく圧迫した。もし、こういう天下普請がなければ、薩摩はもっと早く倒幕をしていたかもしれない。

●「大名には課税しない」という原則は厳守した

このように諸大名に対し、厳しい統制をおこなっていたように見える徳川幕府だが、武家社会の原理原則は守っていた。それは、諸大名に税を課さないということである。

鎌倉時代以来、武家は自分の所領は自分で統治するというのが基本原則だった。幕府から戦の号令がかかれば馳せ参じるが、土地の統治や徴税は各自がおこない、幕府はそれに口を出すことはない。それが「武家社会」「封建制度」の基本システムだった。

もちろん、中央政権としては、税を取りたいという誘惑はつねにあった。

江戸幕府も、財政悪化に伴い、何度か諸大名に対して課税しようと試みたこともあった。

たとえば、8代将軍・吉宗の時代には、幕府の財政悪化を補うために、諸大名の参勤交代を緩め、その代わりに上米を徴収するということがおこなわれた。

具体的に言えば、参勤交代での大名の江戸滞在を、1年から半年に短縮し、大名は1万石につき100石の米を幕府に納めるということである。

参勤交代は、諸大名にとって、莫大な経費がかかり、大きな負担となっていた。

その一方、幕府にとっては、諸大名が参勤交代するからといって、経済的なメリットはほとんどない。幕府は、江戸の町民からあまり税を取っていなかったので、諸大名が江戸でお金を落としても、幕府にとっては増収にはつながらなかった。そのため、諸大名の参勤交代を緩めることで、浮いたお金を幕府が徴収しようと企図したのだ。

しかし、これはすぐに廃止された。何度か触れたように当時の武家社会は、幕府が一応、諸大名に号令をかける立場ではあったが、諸大名は独立的な存在である。

そのため、諸藩の反発が大きかった。**何よりも、先代がつくった基本システムを壊すことには、幕府の内部からも反対者が多かったのである。**

また、課税しないことと同じ理由で、幕府は諸藩の治政について、原則として口出しはしなかった。諸藩は幕府に対して、独立的な統治権を持っており、それは幕府でも侵すことはできなかったのである。

江戸時代の三大改革と言われる「享保《きょうほう》の改革」「寛政《かんせい》の改革」「天保の改革」も、じつは幕政改革であり、天領（幕府領）だけに通用する改革だった。天領は日本全土の8分の1程度だったので、日本の8分の1でおこなわれた部分的な改革に過ぎない。

ほかにも、悪法として名高い5代将軍・綱吉が制定した「生類憐みの令」も、これが通用したのは江戸などの天領だけで、諸藩がこれに追随することはほとんどなかった。

幕府は武家諸法度などで、大名を統制するための一応のルールはつくっていたが、各大名の藩内での統治に関しては、幕府のルールは及ばなかったのである。

大名の治政があまりにもひどいときは、領民が幕府に直訴したり、近隣の藩が幕府に報告することもあった。その場合は、幕府も行政指導などをおこなうことはあった。が、幕府も諸藩に対し、強制力のある指導はおこなえなかったのである。

江戸時代では、約250家にも及ぶ大名家が改易になった。改易とは、大名家を取り潰したり、領地を没収したりすることである。が、この改易は、大名が急死したことなどで「後継者がいなかったこと」によるものが大半だ。失政の責任を問われての改易は

「島原の乱」の原因をつくった島原藩（長崎県）の松倉家など数えるほどである。

逆に言えば、大名の統治により、諸藩の経済状況などが大きく変わることになる。

薩摩藩、長州藩、土佐藩（高知県）、会津藩（福島県）、佐賀藩など、幕末の政局で存在感を放っていた藩は、どこも財政改革などに成功し、経済力があった藩なのだ。

とくに薩摩藩や長州藩は、幕府からたびたび重い天下普請を言いつけられながらも、産業育成などで財政を好転させ、ペリー来航以降はいち早く洋式の兵装を整えている。

●後継者を絶やさないシステムを存命中に構築

家康は、慶長10（1605）年に征夷大将軍を辞職し、3男の秀忠を次の将軍に就任させている。家康が征夷大将軍に就任していた時期は、わずか2年に過ぎない。

これは、もちろん自分が生きているうちに、次世代に権力基盤の引き継ぎをおこなっておこうということである。**家康は、大名が突然死ぬことにより、家中が乱れることを嫌というほど知っていた。**信長しかり、秀吉しかりである。

だから自身は、まだ自分の目の色が黒く、権威があるうちに、息子に少しずつ権力を移譲して、自分が死んだとき、スムーズに政権交代ができるようにしたのである。

駿府に隠居した家康は、大御所として支配を続け、幕政は駿府と江戸の二重支配となった。直轄領の年貢管理は、慶長17（1612）年ごろまで駿府がおこない、その後は順次、江戸に引き渡されていった。

また家康は、直系の男子が途絶えることを危惧し、御三家という制度をつくった。

御三家とは、秀忠以外の息子のうち、義直《よしなお》、頼宣《よりのぶ》、頼房《よりふさ》の3名に、それぞれ尾張徳川家（愛知県）、紀伊徳川家（和歌山県）、水戸徳川家（茨城県）を興させ、この御三家からは将軍を輩出できるという仕組みにしたのである。尾張徳川家の義直は家康の9男、紀伊徳川家の義直は家康の10男、水戸徳川家の頼房は家康の11男である。

なぜ9男、10男、11男という「大きなナンバーの息子」が御三家になったのかというと、ほかの家康の息子たちは皆、家康よりも早世してしまったからである。

つまり、家康より長く生きたのは、この3人と2代将軍・秀忠だけだったのだ（6男の松平忠輝《ただてる》を除く）。ここでも、家康が当時としてはいかに長命だったかがわかる。

この御三家制度は、実際に機能することになる。徳川宗家は7代で男子が途絶えたので、８代目は紀州徳川家から吉宗が宗家の養子となり、将軍となった。８代目から14代目までは、この紀州徳川家の血筋から輩出され、15代目は水戸徳川家から輩出されることになった。この御三家制度も、江戸時代が長く続いた要因の１つと言えるだろう。

●数々の災害を切り抜けた幕府の救済制度

日本は地震、津波、台風など自然災害の多い国だが、当然、江戸時代の260余年のあいだにも多々の災害に見舞われた。その中には、日本史上に残るような大災害もあった。宝永《ほうえい》４（1707）年に起きた宝永の大地震は、日本史上最大の震度とされ、この49日後には富士山の噴火も起きた。

また、寛政４（1792）年に起きた島原地震（雲仙噴火）では、津波で対岸の肥後国にも多大な被害をもたらし、約1万5000人の犠牲者を出している。

江戸時代後期の安政年間（1850年代）には、日本各地で大地震が頻発し、これも多大な被害をもたらした。

このように天災が頻発した江戸時代だったが、天災が戦乱に結びつくことはなかった。

自然災害時には、諸藩に対して拝借金という幕府による救済制度があったのである。

災害復旧のための資金を幕府が低利で貸しつけるというもので、これを利用し、災害復旧をおこなった藩も多い。

たとえば、元禄16（1703）年に起きた元禄地震では、幕府は被害の大きかった小田原藩に対して、1万5000両の復興資金を貸しつけている。元禄地震は、関東地方を襲った巨大地震であり約6700人が犠牲になった。

また寛保《かんぽう》2（1742）年に起きた「戌《いぬ》の満水《まんすい》」では、松代藩（長野県）は、災害復旧資金として1万両を幕府から借り受けている。「戌の満水」というのは、大雨、台風により近畿、関東など日本全土が大きな被害を受けた水害だった。とくに、千曲《ちくま》川の氾濫により松代藩の被害が甚大で、2800人もの犠牲者を出し、城も損壊していた。

松代藩は、真田幸村《さなだゆきむら》の兄・信之《のぶゆき》を藩祖としている。関ヶ原において、真田家では、長男の信之が東軍につき、父の昌幸と次男の幸村は西軍についた。

「関ヶ原の戦い」では、信之の助命嘆願により死罪を免れ、高野山への配流で済んだ幸村だが、その後「大坂の陣」では高野山から抜け出し、再度、豊臣方についた。ご存じのように、幸村は大坂で獅子奮迅の働きをし、徳川方を大いに苦しめた。

兄の信之は当然ながら苦しい立場に立たされるが、家康は信之を咎《とが》めることなく、大名としての存続を許し、加増さえしている。徳川家にとっては因縁の藩である松代藩だが、災害時には救済の手が差し伸べられたのである。

●世界的に優れていた災害・飢餓対策とは？

これら災害時の対処方法は、世界的に見ても優れていたと思われる。大きな災害が起きたときには飢饉が生じることが多いが、この飢饉などの犠牲者が、日本は同時代の世界各国に比べて非常に少ないのである。

江戸時代最大の飢饉とされている「天明《てんめい》の飢饉」では、餓死者は約１００万人程度と見られている。江戸時代は、日本の人口は約３０００万人程度とされており、比率から見れば３％程度である。

もちろん、現代の感覚から見れば、人口の３％が飢饉で犠牲になったことは非常に大きな問題だが、同時代の世界と比較すれば、これはかなり少ない被害なのである。

中世から近代にかけて、世界でもっとも文明が発達していたとされるヨーロッパにおいて、飢饉の被害は日本の比ではない。

1690年代に起きたスコットランドの飢饉では、人口の15%が失われた。同時代、フランスの飢饉では200万人が死亡しており、これは人口の1割に近いものだった。18世紀初頭でも、プロシアの飢饉では人口の41%が失われている。

19世紀半ばに起きたアイルランドの飢饉、いわゆるジャガイモ飢饉では、100万人以上が餓死した。このとき、アイルランドから200万人近くが移住し、その多くはアメリカ大陸へ渡った。アメリカ人にアイルランド出身者が多いのはこのためである。このジャガイモ飢饉により、アイルランドの人口は半分以下になったという。

江戸は、世界でもっとも早く人口が100万を超えた都市とされ、江戸時代の日本は世界屈指の人口を誇っていた。しかも、貧困者による人口爆発ではなく、それなりに暮らしていける人々の数が、それだけ多かったのである。

これは江戸時代の日本が、その時代としては、非常に優れた社会システムを持っていたことによると考えられる。

第8章

270年に及ぶ太平の時代を貫いた家康イズム

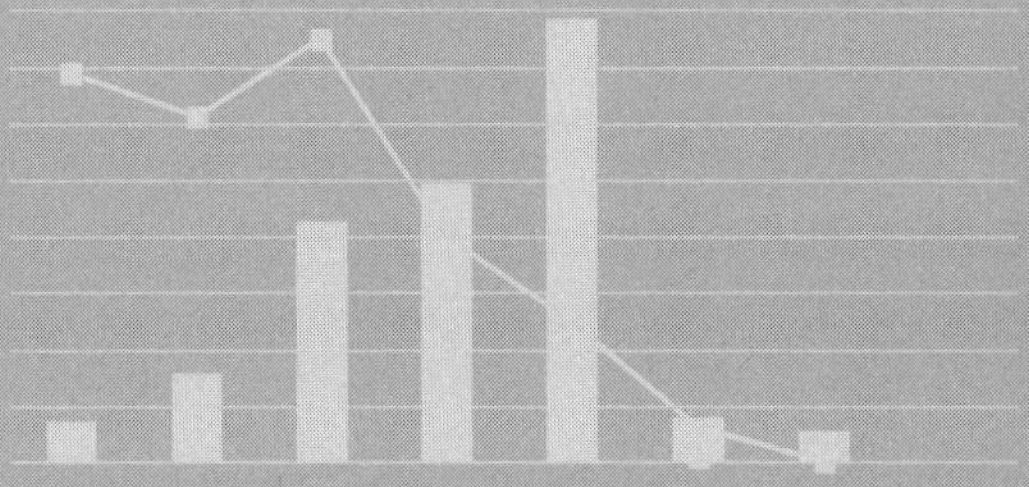

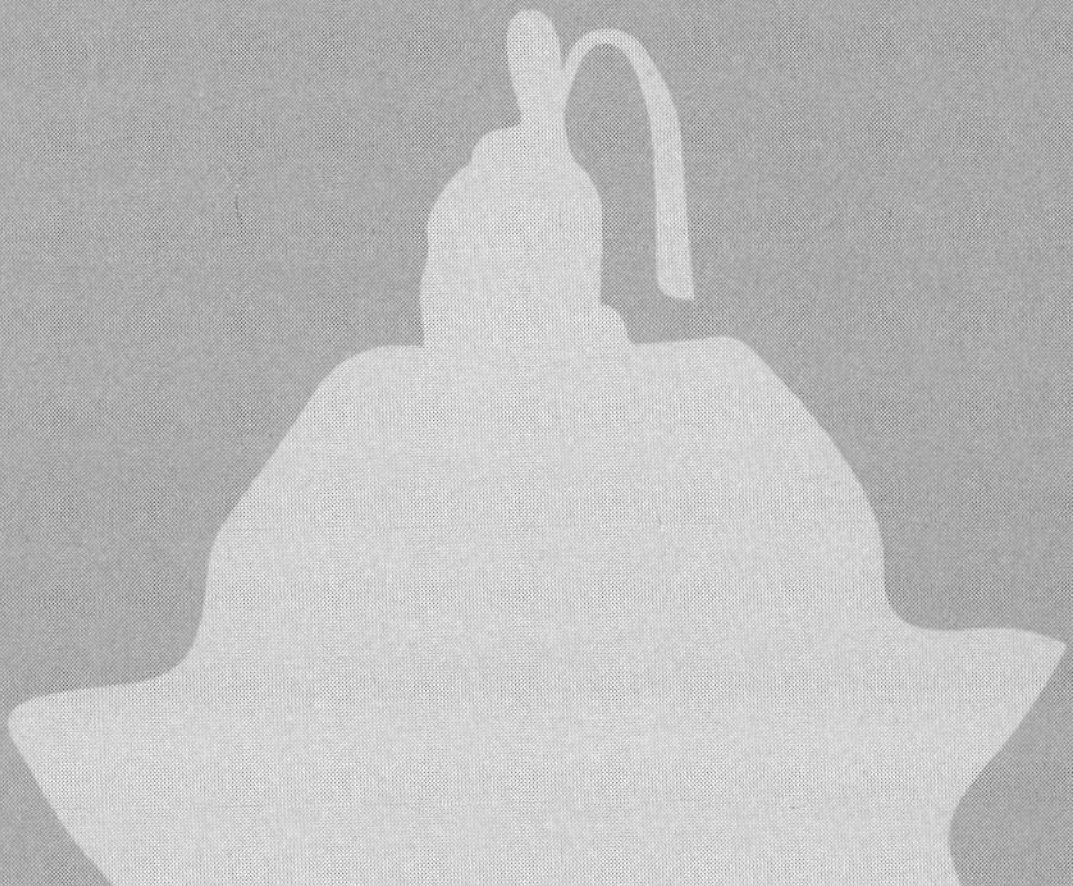

●幕府の経済政策は「質素倹約」が基本

江戸時代、経済政策の基本は「質素倹約」だった。それは、家康イズムによるものである。家康は、これほどの資産を持っていながら、終生において倹約家だったのだ。天下を獲ってからも、食事は麦飯などの粗食を好み、冬でも足袋を履かず、むしろ親族や家臣の浪費を戒めていたという。

また、前述した126個の大法馬金には「行軍守城用勿用尋常費（戦費以外に用いるな、という意味）」の文字が鋳込まれていた。つまり家康は、自分の死後、徳川家を脅かす戦争が起きたときのために、この大法馬金を準備していたのである。

だから、江戸時代の中でおこなわれた経済政策なども、その柱となる指針は質素倹約だった。歴代将軍の中で、極端な浪費をした者はいない。

もちろん、将軍は国家元首ともいえる存在なので、相応の贅沢はしていた。また、将軍の中には、5代・将軍綱吉のように多少は出費の多い者もいた。が、世間の批判を浴びるほどの浪費をした将軍は、1人もいなかったのだ。

徳川幕府は、自らが質素倹約に努めるだけではなく、社会にも質素倹約を強いた。過度な贅沢は慎むような指導が幾度も出された。商人の中で、著しく華美な生活をするものは取り潰された者もいたほどである。

現代の資本主義からすれば、質素倹約は、経済成長や産業発展に、あまりいい影響をもたらすものではない。だから、江戸時代の経済政策には、批判的な意見も多い。

資本主義経済の通貨システムというのは「事業家が儲かった金を、再投資をすることによって通貨量が増える」という仕組みになっているため、消費の拡大が繁栄の必須となっている。

が、江戸時代の通貨システムは、限られた金銀銅を使って通貨を発行するという単純な仕組みであり、消費が増えれば通貨量が増えるというわけでもなかった。

だから、現在のように、質素倹約がたちまち景気の悪化につながるというものではなかった。

ヨーロッパの王室をはじめ古今東西の政権が、浪費によって国に災いをもたらし滅んでいったことを思えば、この時代に「浪費をしなかった政権」というのは評価されてもいいはずである。

さらに、江戸時代を通じて、幕府や諸大名が過度な浪費をしなかったことが、幕末に欧米から開国を迫られたとき、素早く軍備を整えることを可能にし、欧米にあなどられなかったのである。

●享保、寛政、天保の改革も合言葉は「先代に戻れ」

江戸時代を通じて、幕府の主たる政治思想は「家康のつくったシステム」を踏襲しようというものだった。

「家康のつくったものが最良である」という基本姿勢があり、次代の幕府がおこなうことは、家康のつくったシステムを若干、修正するくらいだった。

よくも悪くも、それが、江戸時代が長続きした大きな要因だと考えられる。

享保、寛政、天保などの改革のときにも「先代に戻れ」というのが根本思想としてあった。だから家康がつくったシステムというのは、江戸時代を通じてそのまま維持されてきたものが多い。

・御三家からの将軍選出
・参勤交代
・年貢の徴収方法
・南蛮貿易の幕府独占
・主要鉱山の幕府直轄
・貨幣鋳造の幕府独占
・幕府の直轄領支配の厳格化

これらのことは、日本人の我々から見れば、当たり前のことのように思われる。

しかし、260余年もの長期政権において、これらの重要事項が変わらずに守られてきたというのは、世界史的に見れば驚異なことなのである。

たとえば、室町幕府は財政難のため、明との朝貢貿易の権利を守護に売り渡している。中世のヨーロッパなどでも、国王が財政難のために、農地、鉱山、貿易の権利などを、商人やほかの貴族に売り渡すようなことがしばしばあった。

また、財政難のために、徴税権を売り渡したり、徴税免除の権利を与えたり、というようなこともしばしばあった。もちろん、そういうことをすれば、一時的には財政が上向いても、長期的に見れば悪化していくばかりである。

徳川幕府には、そういうことは一切、起こらなかった。幕府が直轄している主要鉱山を売り渡すことも、一部の人に貿易権や徴税権を譲渡することもなかった。

それは、**江戸時代を通じて、徳川家やその家臣たちのあいだに「家康のつくった制度は変えてはならない」という強い観念があった**からだと思われる。

もちろん、若干の改革や修正はおこなうこともあった。しかし、行き過ぎた改革の場合、すぐに先代の制度に戻された。

●徳川吉宗のユニークな大奥の削減方法

8代将軍・吉宗がおこなった「享保の改革」の顕著な特徴は「経費削減」だった。江戸幕府も8代将軍の時代になると、経費に関する節約の観念が緩くなり、幕府の歳出は非常に多くなっていた。吉宗が将軍に就任した享保元（1716）年は、江戸幕府が開府されてから100年以上が経っており、幕府の草創期を知る人は皆無になっていた。

１００年以上も政権が続けば、何かと制度上の緩みが出てくるものである。

そこで吉宗は、財政の大幅な削減に着手した。幕府の経費の中でも、とくに大奥の経費はうなぎ上りになっており、支出の2～3割を占めるほどになっていた。そのため「享保の改革」の目玉として、大奥の縮小が図られたのである。

●徳川吉宗

大奥というのはご存じのように、将軍の子を宿すことを最大の目的とした女人集団である。側室候補の女性が多数集められ、その女性たちの世話をする女中の数も半端なかった。吉宗のころには、大奥の人員は４０００人にまで膨れ上がっていた。

吉宗は、これを３分の１以下の１３００人にまで削減したのである。

この大奥の削減には、有名なエピソードがある。**大奥で削減する女人を選ぶ際に、まず美人ばかりを50人選んだのである。**なぜ美人を選んだかというと、美人ならば引き取り手があるだろうということである。

つまり、人を削減するときに、生活に困らない者をまず削減したわけである。現代ではあり得ないような情の深い、ある意味、非常に合理的なリストラ方法である。

また、経費削減の方法として「足高制《たしだかせい》」も採用された。

幕府の役職は、必ずしも代々引き継がれるものではなく、重要な役職はそのときそのときによって人選され、役職には、それに応じた家禄が定められていた。だから、小身の者が高い役職に抜擢されれば、それに応じて家禄を引き上げるのが通例だった。

が、当時は一旦与えられた家禄は、子々孫々にまで受け継がれることが原則だったので、家禄を引き上げることは、幕府にとって大きな負担が増すことになった。そのため、小身の者は能力があっても、なかなか上の役には就けないという弊害も出ていた。

「足高制」というのは、その弊害をなくすために、自分の身代以上の役職に就いた場合は、役職に就いている期間だけ不足分の家禄を支給するという制度である。

これにより、幕府の財政負担を減らし、小身の者でも能力があれば抜擢されやすい環境になったのである。この足高制により抜擢された者に、あの大岡越前《おおおかえちぜん》がいる。

●「米将軍」の農業改革は成功したのか？

また吉宗は、財政を削減するだけではなく、制度上の歪みを修正しようとも試みた。

吉宗の改革は、農業に関するものが中心だった。

その最たるものが、年貢を定免法《じょうめんほう》にしたことである。

江戸時代の年貢は、それまでは検見法《けみほう》が取られていた。

検見法というのは、毎年、収穫の状況を役人が検査し、その収穫に応じて年貢率を決めるという方法である。

この検見法は、農民にとっては毎年の収入に応じて税を課せられることなので、一見、合理的にも見える。

しかし、この検見法は、役人が毎年、年貢率を決めるので、役人に大きな権力を与えることになり、村々との癒着や収賄など、役人の不正の温床ともなっていた。

毎年、年貢率が変わることで税収が不安定化し、また、農民にとっても、収穫が多い年には年貢も多くなるので、勤労意欲の減退にもつながった。

吉宗は、それを改め、毎年一定の年貢になる定免法に変更したのである。定免法というのは、過去の収穫高の平均値を基準にして年貢率を定めるものだった。

定免法では、毎年一定の税収が得られる上に、農民側ががんばって収穫が増えた場合は、増えた分を自分の実入りにすることができた。

が、不作の年にも、平年と同様に年貢を徴収されるというデメリットがあった。あまりに不作のときには減免されたが、原則として一定額の年貢が課せられたのだ。

また、吉宗は、年貢率自体も引き上げた。それまで4公6民程度だった年貢率を5公5民程度にしたのである。そのため、一部では農民一揆なども起こった。

が、その一方で、飢饉に備えてさつまいもの栽培を奨励し、普及させるなど、農民の生活の向上にも努めた。吉宗の政策は、農民のインセンティブの増大により収穫増量や新田開発でも効果があったとされ、農業の発展に一定の寄与があったとされる。

このように、吉宗は農業に大きな関心を示したことから「米将軍」とも呼ばれた。

吉宗のおこなった「享保の改革」は、節約が中心だったため、社会に不景気をもたらしたということで、批判されることも多い。

たしかに、吉宗の節約策には行き過ぎもあり、一揆などの反発もあった。が、古今東西の長期政権の多くが、腐敗や浪費で崩壊していく事実を鑑みれば、吉宗がねじを締め直したことは、幕府にとっては大きな意味があったと思われる。

●田沼意次の経済政策にも家康イズム

「享保の改革」の後には、田沼意次《たぬまおきつぐ》の時代となる。

意次は、足軽の出ながら、吉宗に抜擢されて旗本となる。吉宗の次、9代将軍・家重《いえしげ》のとき、さらに大抜擢されて幕府の重臣となり、1万石以上の加増をされて大名にもなっている。家重の次、10代将軍・家治《いえはる》にも重用され、幕政改革を任される。

おそらく、有能な上に、よほど処世術に長《た》けていたのだろう。秀吉にも通じるような大出世だ。

この意次の改革は、吉宗がおこなった「享保の改革」

●田沼意次

とは対照的なものとして見られることが多い。質素倹約を旨とした「享保の改革」に対し、意次は積極的な経済活性化政策をおこなったというのである。

が、**じつは「享保の改革」も意次の改革も、家康イズムを引き継いだものであり、両者は、それぞれが家康イズムの一面を表している**に過ぎない。

意次がおこなった主な経済政策は、以下のようなものである。

・銅座の整備
・鉱山開発
・蝦夷地《えぞち》、印旛沼《いんばぬま》などの開発
・外国との貿易拡大

これらは、いずれも家康の主要な経済政策だ。

銅座というのは銅を独占的に取り扱う機関のことである。金座、銀座が金銀を独占的に取り扱い、金貨、銀貨の鋳造をおこなっていたことはよく知られている。

貨幣の原料であり、貴重な金属である金銀を幕府の管理下に置こうということで、家康によって整備されたものである。

金銀だけではなく、銅も幕府が直轄管理しようということで銅座がつくられたのだ。銅座は以前から存在していたが、意次によって整備拡充されたのである。**意次の時代になると、家康のころには大量に産出されていた金銀も、それほど採れなくなり、その代用としての銅の価値が高まっていた。**

そのため意次は、銅座をつくったり、銅山の開発を進めたりしたのである。

また意次は、蝦夷地、印旛沼などの開発を計画した。開墾地を増やし、幕府の増収を図ろうとしたもので、これは家康がおこなった江戸や関東の開発と同様のものである。

さらに意次は、長崎での外国貿易を拡充させ、貿易収入を増やそうと試みた。これも家康が、海外貿易の窓口を長崎に一本化し、貿易収入を独占しようとしたことと同様である。

つまり意次は、家康がやっていたことを拡充したに過ぎないとも言える。

ただ、意次の経済政策は、印旛沼の開発など、明らかに失敗したものもあり、それほど劇的に幕府の財政を好転させたものではなかった。

また「天明の飢饉」が起きたときの不手際や、日ごろの収賄体質もあり晩年、失脚し、後世では「賄賂の政治家」というイメージとなってしまっている。

●なぜ武家主導の経済社会が保たれたのか?

江戸時代の260余年のあいだには、武家が没落し、商人が勃興するというような現象も見られなかった。これは世界史的に見れば、非常に稀なことである。

社会に平和が続くと、商人が力をつけ「商人先導の社会」になりがちである。商人や金貸しが非常に強い力を持つようになり、政治に強い影響力を及ぼすようになるのだ。

中世のヨーロッパなどは、その典型であり「絶対王政」と言われた時代にも、国王たちは借金を重ね、商人や銀行家に頭が上がらないようになっていたのだ。

しかし、江戸時代の日本はそうはならなかった。江戸時代にも、大商人たちが生まれ、財政状況の悪い大名の中には、商人に頭が上がらない者が出てきたりもしていた。

が、武家の権威は揺らぐことはなかった。幕府自体は、商人からの借財に追われるという事態は起きなかったし、幕府主導の経済社会という秩序は、最後まで崩されなかったのだ。

それには、幕府の財政基盤の盤石さもさることながら、幕府が経済社会において、つねに主導的な立場を貫いてきたことが大きく影響している。

江戸時代は、かなり自由な商業活動が許されており、富の蓄積も認められていた。が、それも武家政権の許容する範囲のことだった。

あまりに強欲な商売をしている商人や、贅が過ぎるような商人は、財産を没収されたり取り潰しに遭うこともあった。

たとえば、大阪で米の先物取引を始めたとされる豪商の淀屋は、５代目のときに「豪奢を極めた」ということで咎を受け、全財産を没収されている。

江戸時代に豪商と呼ばれた者たちには、こういうケースは決して珍しくない。

また富豪には、それなりの社会的な責任も求められた。

江戸時代から昭和初期にかけて、日本一の地主と言われていた山形・酒田の本間家なども、防風林の植林や飢饉対策などのために多額の自費を投じ、幕末には、藩に巨額の御用金を供出している。

●3度の徳政令に見る江戸幕府の経済姿勢

江戸時代では、大きな徳政令が3度出ている。

徳政令というのは、ざっくり言えば「借財をチャラにする」という政策である。

経済社会では、必ずお金を貸す者と借りる者が生じる。

両者の差は、時を経るごとに大きくなり、金貸しで財を築く者と、いつも借金に追われている者に分かれてしまう。

江戸時代の260余年の平和の中では、当然そういうことが起こった。

とくに顕著なのが「武家」だった。

武家というのは、農民から年貢として徴収した米が収入源だった。

江戸時代の武家は、米の収穫高の3割から4割の取り分があった。

戦国時代までは米は経済社会の中心であり、米の生産高の30％以上を徴収する武家というのは、それなりに豊かだった。人口の1割にも満たない武家が、米の3割以上を占めるのだから当然といえば当然である。

が、江戸時代も中ごろになると、さまざまな商品が市中に出回るようになり、米の価格が相対的に下がった。米が、必ずしも経済の中心ではなくなっていったのである。

そのため、武家の生活は苦しくなった。収入が相対的に減る上に、商業経済が発展し消費は増える一方なのだ。結果、借金を増やす武家も多くなっていた。

しかし、没落して武家の身分を放棄してしまうような者は、それほど多くはなかった（もちろん一部には存在した）。

これは、幕府が一定期間ごとに「徳政令」を出していたからだ。

江戸時代には、享保、寛政、天保という3回の大きな改革がおこなわれている。この3回の改革には、それぞれに特徴があるが、１つだけ共通点がある。

それは「武士の借財を帳消し」にしたことである。

また、享保、寛政、天保の改革は、だいたい50年周期でおこなわれている。

つまり、50年周期で、武士の借財が帳消しにされているのである。

だから、各武家たちは、祖父の代から借金がかさんで首が回らなくなり、もうヤバイというところになって、借金を帳消しにしてもらっているのだ。

この徳政令には、しかし大きな欠陥もあった。

というのも、徳政令を出せば、借りたほうは助かるが、貸したほうは大きな打撃を受ける。

貸したほうは元金さえ戻ってこないのだから、財産を失うことになるのだ。

だから徳政令を出すと、金貸し業者から強い反発があるし、今後、金を貸さないようになる恐れもあった。そうなると、貧しい武家たちも困ることになる。

その点、江戸幕府の施策は巧みだった。金貸しの側にも十分な配慮をしたのだ。

武家の借財帳消しをおこなうたびに、札差（金貸業者）に対して特別融資をおこなうなどをして、金融不安が起きないようにした。高圧的に借金を踏み倒すだけではなく、それなりの手当もおこなっていたのだ。

しかも、そう何度もおこなうのではなく、50年に一度という具合にかなりの時間を置いておこなったのである。

だから札差（金貸業者）も、極端な貸しはがしに走ることはなく、江戸期を通じて、武家との持ちつ持たれつの関係を保っていたのである。

●意外と豊かだった農民たちの食生活

我々が受けた戦後教育では、江戸時代の農民というのは「搾取されるだけ搾取されていた」「いつも貧しい生活を余儀なくされていた」と教えられてきた。

たしかに、現代社会と比べれば貧しい生活だったには違いないが、同時期の世界の農民と比べれば全然マシなほうだ。**「言われているほど貧しくはなかった」のである。**

たとえば、食生活を見てみよう。１日３食の食習慣が始まったのは、江戸時代の中ごろから後半だったとされている。

が、質素倹約で有名だった８代将軍・吉宗は、１日２食だったというエピソードが残っている。そういうエピソードが残っているということは、吉宗の時代にはすでに世間では１日３食の習慣があったということだ。

吉宗の治世は18世紀前半なので、江戸時代の前半には１日３食となっていたと考えられる。１日３食の食事ができるということは、それだけ食糧事情がよくなったということである。

●世界屈指の養蚕技術を支えた庶民の識字率

農民の生活の豊かさは識字率にも表れている。

江戸の出版物の多さや寺子屋の数などから逆算すると、江戸時代の男子の識字率は40～50％程度はあったとされる。識字率が高いということは、教育を受けさせる余裕のある家がそれだけ多かったということだ。

当時は、義務教育などはなかったので、庶民は自発的に教育を受けさせていたわけである。もちろん、それなりに費用はかかった。

そういう費用をかけて教育を受けさせていた家庭が、半分近くもあったということである。江戸時代の職業構成では9割が農民だったので、農民の半数近くが子どもに教育を受けさせる余裕があったのである。

幕末に京都の警備を担った新選組の中心メンバーだった近藤勇《こんどういさみ》、土方歳三《ひじかたとしぞう》らは、農民出身だったが、彼らは当たり前のように読み書きができた。江戸時代の日本では、字が読めるということは、珍しいことでも何でもなかったようである。

江戸時代には、全国各地に数万に及ぶ寺子屋があったとされるが、正確な数はわかっていない。

明治時代初期の明治8（1875）年、日本が初等教育を義務化し、全国で2万4303校の小学校を建設しているが、この小学校の7割は、江戸時代の寺子屋を改装したものだったという。

この数値から見れば、江戸時代の寺子屋は2万程度あったと見られる。

また、江戸時代は農業技術もかなり高いものがあった。

幕末に日本が開国したとき、生糸が日本の主要な輸出品になったことが知られている。なぜ生糸が日本の主要輸出品になったかというと、当時の日本の農村には、レベルの高い生糸を大量に生産する技術があったからなのである。

江戸時代、日本の各藩は、養蚕《ようさん》を奨励し、その技術は著しく向上した。江戸時代の末期には、暖房によって養蚕の日数を短縮するという技術も開発されていた。

また養蚕の技術書なども数多く出版されている。元禄15（1702）年、我が国最初の養蚕の技術書『蚕飼養法記』が記されたが、江戸時代を通じて、100冊もの養蚕の技術書が出版されている。その中には、1000部以上も刷られた本もあるという。

当時の出版技術を考えるなら、これは驚異的だと言える。日本人のマニュアル好きは、江戸時代からあったのだ。

養蚕の技術書が、これほど出版されているということは、それを読める農民がそれだけ多かったということでもある。ここでも、江戸時代の農民の生活レベルの高さが窺い知れるのだ。

江戸時代に出版された養蚕の技術書の中に『養蚕秘録』というものがある。これを、シーボルトが日本から持ち帰り、1848年にはフランス語に翻訳されて出版されている。日本の養蚕技術がそれだけ高かったということである。

西洋では、産業革命により機械による製糸技術が発明されたが、日本では、その西洋技術が入ってくる以前に、すでに簡単な機械を使って製糸をおこなっていたのである。

●日本の「出版の父」だった家康

これだけ江戸時代の識字率が高かったのには、家康の出版事業に関する熱意も大きく関係している。じつは家康は、出版物に関して、非常に情熱を持っていた人物である。

家康は、大量の蔵書があったことで知られている。「関ヶ原の戦い」直後の慶長７（1602）年には、江戸城本丸の「富士見の亭」に文庫をつくった。

文庫というのは、現在の意味である「小型の書籍」のことではなく、その名のとおり文を保管する庫のことである。図書館と言ってもいいだろう。**家康は、この文庫に、自分が収集した大量の書物を保管していたのである。**

３代将軍・家光の時代には、江戸城の紅葉山の麓に新しい文庫が造られ、この文庫の管理を専門におこなう「書物奉行」という役職が設けられている。この文庫は、現在では紅葉山文庫として知られている。

江戸幕府は、書物や文書を非常に大事にする政権であり、江戸幕府の施政の詳細を我々が知ることができるのは、江戸幕府が残した大量の文書のおかげなのである。

また、家康は出版事業も精力的におこなっている。戦国時代には、ヨーロッパや朝鮮などから活字の技術が入ってきていた。家康は、その最先端の技術である活字を使って、自分の蔵書の中から重要なものを選んで出版させていた。

家康の出版事業は、関ヶ原の前年、慶長4（1599）年に始まっている。つまり、天下人になる以前から、家康は出版事業を始めているのだ。

しかも慶長4（1599）年ごろというのは、秀吉が死去したばかりで、政局がごたごたしている時期であり、家康にとって、天下獲りのための非常に重要な局面でもあった。この大事な時期に、家康は出版事業を始めているのだ。

家康の出版に対する並々ならぬ情熱がうかがえる。

さらに家康は、死の直前の元和元（1615）年からは、銅活字による出版を始めている。慶長4（1599）年から始まった出版事業は木活字によるものだった。

家康の出版に対する情熱は、江戸時代に「読書ブーム」をもたらした。

あまり知られていないが、江戸時代は、当時としては世界的にも稀な読書ブームの時代でもあった。

江戸時代には、全国で本が販売される流通機構がすでにつくられており、全国で普通に書物を買うことができたのだ。

また、貸本の文化も発達しており、江戸だけで８００軒の貸本屋があったという。

●旅行を楽しむ世界的にも稀有な農民たち

農民の生活がそれほど苦しくなかったということは、江戸時代にお伊勢参りなどの旅行が大ブームになったことからも推測できる。

「農民が旅行をする」ということは、当時の世界を見渡しても珍しいものである。

ヨーロッパなどの先進的な国々でも、農民はまだ農奴からようやく解放されたというレベルであり（もちろんまだまだ農奴的な存在も多かった）、彼らが大挙して物見遊山にでかけるなどということは、夢のまた夢だったのである。

江戸時代には、伊勢神宮を参拝するお伊勢参りが何度か大ブームになった。

宝永２（１７０５）年のブームのときには、４００万人近くが伊勢神宮に訪れたとされる。これは、当時の日本人の人口の１割を裕に超えるものである。

お伊勢参りというのは、現代のように、単に伊勢神宮に行ってお参りしてくるというだけのものではない。伊勢までは基本的に徒歩であり、短くても数日、長い場合は数週間に及ぶ大旅行になる。もちろん、その道中で物見遊山をするのである。

「伊勢参り 大神宮にも ちょっと寄り」という川柳もあり、お伊勢参りというのは、伊勢神宮の参拝よりもその道中が目的だったのである。

このお伊勢参りには、農民も多数行っていた。

伊勢神宮から「御師《おし》」が日本各地の農村に派遣され、農民たちのお伊勢参りの世話までしていた。

御師というのは、もともとは祈禱師《きとうし》的な存在だったが、江戸時代になると伊勢神宮のセールスマン的な存在になっていた。伊勢神宮がつくった「伊勢暦」などを農村に配布するなどして、農民のお伊勢参りを促していたのだ。

この伊勢暦を見て、農民たちはお伊勢参りの旅情をかき立てられたのである。

御師は、お伊勢参りの際の宿の手配などもしていた。御師が全国の農村にセールスに赴くということは、それだけ農民の旅行人口が多かったということである。

また、お伊勢参りのような大旅行ではなくても、農閑期に農民が近くの温泉地に湯治に出かけることも、普通におこなわれていた。これは「泥落とし」などと呼ばれ、2週間程度滞在するのが常だった。

つまり、江戸時代の農民は、お伊勢参りや、年に一度、温泉で長逗留するようなことを普通におこなっていたのである。

●手厚い社会保障に恵まれていた町民たち

江戸時代は、災害が起きたときの支援制度などもけっこう充実していた。

日本では、古代から各地域の災害用の蔵を設け、米などを備蓄するという社会システムがあった。戦国時代になっても、各地域にその習慣は残っていたと見られる。

また、戦国時代から諸大名は、城に非常用の米を備蓄しておくことが常だった。その備蓄米は、本来は籠城時のためのものだが、災害のときには被災民に支給されることもあった。

江戸時代になると、制度として災害時のための米の備蓄がおこなわれるようになった。

これは「囲米《かこいまい》」と呼ばれるもので、年貢の一部を非常用として別途補完するのである。

幕府は、これを江戸時代の初期からおこなっていた。この囲米は「囲籾《かこいもみ》」とも呼ばれた。

米は、籾のまま保管すると長期保存が可能だったので、籾の状態で備蓄されたのである。天和3（1683）年には、幕府は諸藩に対して囲米をするように命じた。この囲米などの制度により、災害が起きたり飢饉になったりしても、日本ではそれほど死者は増えなかった。

旧幕臣で、明治新政府の海軍大臣などを歴任した勝海舟によると、幕府の蔵には何十年も前の囲籾が保管されていたという。それだけ非常時備蓄の観念が徹底していたということである。

この囲米は、江戸時代の中ごろになると、米価の調整にも使われるようになった。**米の価格が安いときは、囲米を増やして米の価格を上げ、米の価格が高いときには囲米を放出して米の価格を下げたのである。**

当時、米というのは、金銭に匹敵するほど、社会の最重要物資だった。

幕府や諸藩は、米の収入が財政の柱だったので、米の価格が安いと財政が悪化してしまう。かといって、米の価格が上がりすぎると、庶民の生活が苦しくなる。

また、米の価格というのは、ほかの物価にも大きな影響を与えることになった。

そのため幕府は、囲米によって米の価格や物価の調整をしていた。

幕府は囲米によって、現代の中央銀行のような役割も果たしていたのである。

●参勤交代を緩めたことが幕府崩壊の要因

このように、江戸時代の260余年の平和な治政というのは、家康イズムによって守られてきた。

江戸幕府の崩壊、その最大の要因は黒船の襲来によるものだと言える。ペリーの来航と強引な開国要請がなければ、江戸幕府は、あと数十年は余裕で続いていただろう。

が、幕府が崩壊した「直接の原因」は、家康以来の法を破ったということになるはずだ。**幕末の動乱時には、幕府は家康以来の重要な法を、いくつか破ってしまった。それが幕府の崩壊の直接の原因となったのだ。**

その最たるものが、参勤交代の事実上の廃止である。

幕府は、文久２（１８６２）年、諸藩に対し、参勤交代を3年に1度でいいということにし、江戸に留め置かれていた妻子も国元へ帰すことにした。

人質である妻子が国元に戻されたので、参勤交代は有名無実のものとなったのだ。
これは、ペリー来航に伴い、諸藩に沿岸防備などに力を入れさせようということだった。
が、これが幕府にとっては裏目に出た。

諸藩にとって、参勤交代は大きな財政負担となっていたが、それがなくなったため、軍備を増強することができたのだ。

そこで増強された軍備により、西南諸藩は討幕に動き出すのである。
諸藩としては、人質も国元に帰ってきており、幕府に対する遠慮はいらなくなった。
この時期から、薩摩藩や長州藩などは、あからさまに幕府を軽視する態度をとるようになった。

また当時の江戸は、諸藩の藩主たちの妻子と大勢の家臣たちが居住していたために、その消費によって経済が回っていたのである。

彼らが帰国してしまえば、消費が落ち込んでしまう。そのため、江戸の景気は急激に冷え込んだ。

幕府としては、諸藩に経済的ゆとりを与えた上に、忠誠心を低下させてしまったのである。

もし、このとき参勤交代を廃止していなければ、明治維新があれほど素早くおこなわれることはなかったはずだ。

日本史を俯瞰《ふかん》すれば、幕府の英断ということになるが、徳川家だけのことを考えれば衰退を速めたということになるだろう。

あとがき　～なぜ家康が天下を獲れたのか？

「強い敵とは戦わず弱ったときに叩く」

というのは、孫子の兵法にも記されていることであり、戦国大名ならば、誰もがそれを目指していたはずだ。

家康はこの方法で天下を獲った。

しかし、これはそう簡単にできるものではない。

自分が勢力を拡大しようとすれば、いつか必ず強い敵と衝突してしまう。

その強い敵との戦いを避け続けることは至難の業《わざ》である。

相手がいろんな形で挑発してくる中、自分のプライドと相談しつつ、敵に飲み込まれないようにしながら、敵に従順な態度を取らなければならないのだ。

しかも、そういう状態がいつまで続くかはわからない。

一生、そういう状態が続くかもしれない。

さらに、その敵が弱ったときに瞬時に叩くということが、これまた非常に難しいことでもある。

まず、敵が弱ったかどうかを見極めるのが非常に難しい。

今まで強大な力を持っていたのだから、その力が本当になくなったのかということは、なかなかすぐには判別しづらい。

もし叩いておいて、あとで復活してきたら大変なことになる。

また、強大な敵が弱ったときは、周辺の勢力図が大きく変わるので、どう動けばいいのかこれまた非常に判断が難しい。

下手に動くと、周辺の勢力から袋叩きに遭ったりする恐れもある。

だから、そういう事態に遭遇しても、何もせずに傍観したり、逆に右往左往してしまう者も多い。

しかし家康は、そういう機会に迷うことなく果敢に行動してきた。その結果、家康は「派手な大戦争」をすることなく、大きな版図を手に入れていたのである。

この家康の忍耐力と判断力は、おそらく、幼少期からの過酷な体験が培ったものだと思われる。

家康は、物心つかないときから母親と生き別れし、人質として他国に送られた。周辺勢力のパワーゲームに翻弄され、親戚に売られるということも経験した。

そういう過酷な少年時代の中で、家康は人間観察、状況判断の能力を磨いてきたのだろう。

これはサラリーマンにとっては、大いに参考になる生き方なのではないだろうか？

今、不遇をかこっている人はたくさんいるはずだ。

また、さまざまな状況から、そう簡単に組織を飛び出すことができない、という人も多々いるだろう。

しかし、誰にでもチャンスは巡ってくる。

そのチャンスが来るまで、地道に自分を磨いておく、状況分析も欠かさずにおこなっておく。そして、チャンスが来たときに果敢に行動していく。

また家康は、取捨選択の達人でもあった。

自分の考えにこだわらず、他人の知恵や工夫の中で、いいものは積極的に採り入れ、ダメなものは思い切って切り捨てる。

家康の施策には、戦国大名たちの知恵や工夫が詰まっている。

江戸の建設などは、その最たるものだといえる。

信長の城づくり、秀吉の都市整備、信玄の土木技術などを集約し、現在に続く巨大都市「江戸」をつくり上げたのだ。

家康の人生から学ぶことは非常に大きいのである。

最後に、秀和システムの丑久保和哉氏をはじめ本書の制作に尽力いただいた方々に、この場をお借りして御礼を申し上げます。

２０２０年４月　　　著者

参考文献

『家康の仕事術』徳川宗英著、文藝春秋／『一向一揆の基礎構造』新行紀一著、吉川弘文館／『本願寺と一向一揆』辻川達雄著、誠文堂新光社／『大御所　徳川家康』三鬼清一郎著、中央公論新社／『江戸の貨幣物語』三上隆三著、東洋経済新報社／『日本貨幣物語』久光重平著、毎日新聞社／『江戸と江戸城』鈴木理生著、新人物往来社／『江戸と江戸城』内藤昌著、講談社学術文庫／『家康入国』水江漣子著、角川選書／『大御所 徳川家康』三鬼清一郎著、中央公論新書／『大航海時代の日本と金属交易』平尾良光・飯沼賢司・村井章介ほか著、思文閣出版／『イエズス会日本年報』村上直次郎訳、柳谷武夫編、雄松堂書店／『石田三成のすべて』安藤英男編、新人物往来社／『史伝 石田三成』安藤英雄著、白川書院／『加藤清正のすべて』安藤英男著、新人物往来社／『豊臣政権の権力構造』堀越祐一著、吉川弘文館／『石田三成からの手紙』中井俊一郎著、サンライズ出版／『信長公記』太田牛一原著、榊山潤訳、ニュートンプレス／『日本史』ルイス・フロイス著、柳谷武夫訳、東洋文庫／『甲陽軍鑑』佐藤正英訳、ちくま学芸文庫／『徳川氏の研究 戦国大名論集12』吉川弘文館／『織田政権の研究 戦国大名論集17』吉川弘文館／『戦国の地域国家』有光友學編、吉川弘文館／『天下統一から鎖国へ』堀新著、吉川弘文館／『戦国大名と一揆』池享著、吉川弘文館／『戦国大名の兵糧事情』久保健一郎著、吉川弘文館／『流通経済史』桜井英治・中西聡編、山川出版社／『近江から日本史を読み直す』今谷明著、講談社現代新書／『湖の国の中世史』高橋昌明著、平凡社／『戦国大名』黒田基樹著、平凡社新書／『日本生活文化史4』河出書房新社／『日本生活文化史5』河出書房新社／『日本史小百科「貨幣」』瀧澤武雄、西脇康編、東京堂出版／『日本史小百科「租税」』佐藤和彦編、東京堂出版／『近世城郭の研究』加藤隆著、近世日本城郭研究所／『天下統一と城』千田嘉博・小島道裕編、塙書房／『戦国城下町の研究』小和田哲男著、清文堂／『織田信長』脇田修著、中公新書／『今川義元』小和田哲男著、ミネルヴァ書房／『三河物語 日本思想体系26』岩波書店／『中世人の生活世界』勝俣鎮夫編、山川出版社／『戦国期の政治経済構造』永原慶二著、岩波書店／『中世日本商業史の研究』豊田武著、岩波書店／『戦国織豊期の貨幣と石高制』本多博之著、吉川弘文館／『貨幣と鉱山』小葉田淳著、思文閣出版／『国民生活史研究2』伊東多三郎編、吉川弘文館／『中世の寺社勢力と境内都市』伊藤正敏著、吉川弘文館／『堺鉄砲』堺市博物館／『鉄砲伝来の日本史』宇田川武久編、吉川弘文館／『火縄銃・大筒・騎馬・鉄甲船の威力』桐野作人著、新人物往来社／『日本中世の流通と対外関係』佐々木銀弥著、吉川弘文館／『南蛮船貿易史』外山卯三郎著、大空社／『堺と博多』泉澄一著、創元社／『沈没船が教える世界史』ランドール・ササキ著、メディアファクトリー新書／『金銀貿易史の研究』小葉田淳著、法政大学出版局／『越境する貨幣』歴史学研究会編、青木書店／『海外貿易から読む戦国時代』武光誠著、PHP新書／『流通経済史』桜井英治・中西聡編、山川出版社／『日本経済史体系（全6巻）』弥永貞三・永原慶二ほか編、東京大学出版会／『日本経済史　近世—現代』杉山伸也著、岩波書店／『日本経済史』石井寛治編、東京大学出版会／『日本経済史』永原慶二著、岩波書店／『お江戸の経済事情』小沢詠美子著、東京堂出版／『江戸の小判ゲーム』山室恭子著、講談社現代新書／『幕末維新期の外交と貿易』鵜飼政志著、校倉書房／『西洋の支配とアジア』K・M・パニッカル著、左久梓訳、藤原書店／『維新経済史の研究』平尾道雄著、高知市立市民図書館／『幕末維新期の外圧と抵抗』洞富雄著、校倉書房／『勝海舟全集』勝海舟著、講談社

執筆協力　武田知弘

【著者プロフィール】

大村 大次郎（おおむら おおじろう）

元国税調査官。国税局に10年間、主に法人税担当調査官として勤務。退職後、ビジネス関連を中心としたフリーライターとなる。単行本執筆、雑誌寄稿、ラジオ出演、『マルサ!!』（フジテレビ）や『ナサケの女』（テレビ朝日）の監修等で活躍している。

ベストセラーとなった『あらゆる領収書は経費で落とせる』（中央公論新社）をはじめ、税金・会計関連の著書多数。歴史関連での主な著書に『信長の経済戦略』（秀和システム）、『お金の流れでわかる世界の歴史』『お金の流れで読む日本の歴史』（以上、KADOKAWA）など。学生のころよりお金や経済の歴史を研究し、別ペンネームでこれまでに30冊を超える著作を発表している。

家康《いえやす》の経営戦略《けいえいせんりゃく》
国《くに》づくりも天下泰平《てんかたいへい》もカネ次第《しだい》

発行日　2020年　5月30日　　第1版第1刷

著　者　大村《おおむら》　大次郎《おおじろう》

発行者　斉藤　和邦
発行所　株式会社　秀和システム
〒135-0016
東京都江東区東陽2-4-2　新宮ビル2F
Tel 03-6264-3105（販売）Fax 03-6264-3094
印刷所　日経印刷株式会社　Printed in Japan

ISBN978-4-7980-6080-4 C0030

定価はカバーに表示してあります。
乱丁本・落丁本はお取りかえいたします。
本書に関するご質問については、ご質問の内容と住所、氏名、電話番号を明記のうえ、当社編集部宛FAXまたは書面にてお送りください。お電話によるご質問は受け付けておりませんのであらかじめご了承ください。